★ 中国女孩成长必读（10-15岁）★

我该怎么办？

女孩成长关键期的典型心理困扰

作者：张思伟
绘图：唐光雨 谢英俊

蓝天出版社
Blue Sky Press

图书在版编目（CIP）数据

我该怎么办？：女孩成长关键期的典型心理困扰 / 张思伟著. --
北京：蓝天出版社, 2011.1
　　ISBN 978-7-5094-0471-3

　　Ⅰ.①我… Ⅱ.①张… Ⅲ.①女性—青春期—心理卫生—
青少年读物 Ⅳ.①G479-49

中国版本图书馆CIP数据核字(2010)第263960号

策　　划：刘书云
责任编辑：刘春燕　孔庆春　张明真　杨东洁

我该怎么办？——女孩成长关键期的典型心理困扰

出版发行：蓝天出版社
地　　址：北京市复兴路14号
邮　　编：100843
电　　话：010-66983784（编辑）　66983715　67885229（发行）
邮　　箱：bjybcz@163.com
经　　销：全国新华书店
印　　刷：北京博海升印刷有限公司
开　　本：720mm×1000mm　1/16
印　　张：12
版　　次：2011年2月第1版
印　　次：2011年2月北京第1次印刷
印　　数：1-15000册
定　　价：32.00

（本书如有印装质量问题，请与010-67885229联系退换。）

版权所有　　违者必究

# 序　言

青春期，是孩子的烦恼期！青春期是孩子自律的关键期！

本书针对现实生活中的实际问题，给予了全面而科学的引导。唯美的表达风格让女孩儿们对书爱不释手！这是女孩儿们人生中第一套对自己的身体、心灵和社会认知的美丽图书。这个年龄段的女孩很单纯，她不知道如何思考这些问题，也很难和父母启齿那藏在内心的阴霾，这些问题让她惶惑不安。每位父母都希望女儿聪明理智的面对生活中的人与事！每个母亲都知道，孩子10岁以后的几年里，将发生很大变化，如果不提前让她做好心理准备，并让孩子学会正确思考问题的方式，这会让她付出相当大的时间代价和心理代价！假如我们父母能与之沟通并加以正确引导，那么孩子的矛盾冲突、心理困惑就会少得多。这本书是专门为女孩们定制的自助读物，旨在引导女孩从中领会如何面对家庭、学校、学习及朋友的问题，如何快乐生活，如何理性面对挫折！

目录

家庭篇·用爱做的炮弹也伤人 2

1 面对总是发火的妈妈，你该怎么办 3
2 天呀！爸爸妈妈偷看你的日记 8
3 如何应对妈妈的"空头支票" 12
4 怎样和妈妈和平共处 16
5 分享父母爱的妹妹让你不快乐 20
6 粘人的小妹妹让你烦恼不已！ 25
7 怎样跟"讨厌"的表哥过假期 29
8 你不想做家务 33
现在，女孩儿们，来看看你的答案！ 38

朋友篇·友谊花园里的毒蘑菇 42

1 如何应对"威胁"你的朋友 43
2 你总是嫉妒朋友，怎么办 47
3 泄密的朋友，真气人！ 51
4 为什么她总是模仿你 55
5 如何安慰失去父亲的朋友 59
6 朋友对你不诚实，心里很难过 63
7 如何理解失约的朋友 67
8 啊！她居然吸烟！ 71
现在，女孩儿们，来看看你的答案！ 75

目录

校园篇·小"社会"大生活 78

1. 无法**融入**新学期的师生联欢会怎么办 79
2. 如何面对严重的"**偏科**" 83
3. 同学说你是老师的"**马屁精**" 87
4. 如何对付根本不存在的**谣言** 91
5. 她要求**抄你的答案**，该怎么办 95
6. 学校公共浴室带来的**烦恼** 99
7. **迟到**被抓怎么办 103
8. 上中学前的那些**恐慌** 107

现在，女孩儿们，来看看你的答案！ 111

压力篇·越拍越高的篮球 114

1. 考试前的"**焦虑症**" 115
2. 学习成绩突然**滑坡**，让你不知所措 120
3. **新环境**让你不再优秀 124
4. 无尽的**担忧**，让你很焦虑 128
5. 和同学比你总觉得自己像个**丑小鸭** 132
6. 巨"**痘**"的压力让你抬不起头 136
7. **拖拖拉拉**的毛病，怎样改 140

现在，女孩儿们，来看看你的答案！ 144

目录

决定篇·向左还是向右 147

1. 好朋友让你**左右为难**，怎么办 148
2. 朋友向你**借钱**，是借还是不借 152
3. 是**诚实**地说出来还是**撒谎**逃避 156
4. 看到**不公平**的事，是上前还是旁观 160
5. 每当考试前都**紧张**，逃避还是面对 164
6. 爸爸妈妈**吵架**你很伤心，是假装没发生还是大胆说出来 168

现在，女孩儿们，来看看你的答案！ 172

思考篇·寻找美丽的自己 175

真理一　问题**不会自己消失** 176
真理二　用**最恰当的办法**去解决问题 177
真理三　**拒绝伤害**别人的念头 178
真理四　**倾听**你内在的声音 179
真理五　讲出来，**告诉**别人你的想法 180

女孩儿,你会怎样做?
——大胆地说出来,还是当事情没有发生过?

首先恭喜你翻开这本书!

这是一本藏满你性格小秘密的书。

在这里,你会了解到,像你一样的女孩儿会怎样处理生活中遇到的各种问题。你会发现有许许多多的女孩儿有着和你一样的困惑,并且不知道该如何正确处理。那么赶快拿起这本书吧,你将得到满意的解答。亲爱的女孩,我还要告诉你一个小秘密,我们每个人的行为都会直接折射出每个人的性格和内心,我们的书则在每章节后面都附加了选择汇总和性格分析,这样你就能更加清晰地了解自己性格上的优势和缺陷喽!

这是一本解读你内心的书。

女孩儿们,青春期就像美丽的罂粟花,鲜艳却蕴含危机。在这段时期内你会发现自己变漂亮了,但是随之而来的是各种困惑和迷惘。家庭、友谊、学校,突然间各种问题都盘根错节地将你团团包围……你一时间不知道怎么应对,也不知道求助于谁。

不要害怕,我们的书将会是你的"青春宝典",它不仅会教你如何做出正确的选择、如何从容处理身边发生的问题,它还会传授你更多的处世技巧,让你轻松应对各种烦恼。

它将带你进入全新的"青春时代",带给你更甜美的粉红回忆,还等什么,赶紧翻开它寻找你的"青春宝典"吧!

PART 1

家庭篇·用爱做的炮弹也伤人

家,可以很小很小,蜗牛壳是蜗牛的家;家也可以很大很大,天空是太阳的家。每个女孩都有一个家,在这个家里,爸爸妈妈陪你长大,你读着童话看他们一天天老去。渐渐的你长大了,有了自己的小脾气,你开始讨厌父母的争吵、妈妈的唠叨、还有叔叔家难缠的弟弟。

原本温暖幸福的家就在你长大的一瞬间,突然什么都变了,随之而来的是无休止的烦恼和埋怨,你甚至想逃,想有一天可以离开家自己去过自由的生活。或许你还会认为父母不在乎你,大人为什么总是不能明白你的想法、满足你的心愿呢?然而当你看到爸爸满是茧子的大手,看到妈妈深深的鱼尾纹时,我相信你对他们的爱会油然而生,所以亲爱的女孩,不要因为一时的小情绪就否定了你幸福的家庭,否定了父母对你的爱。

亲爱的女孩,当家庭生活给你带来烦恼时,先不要急着埋怨、急着耍脾气,那你到底该怎样做呢?跟着下面的问题去寻找答案吧。

1 面对总是发火的妈妈,你该怎么办

最近你的妈妈总是会莫名其妙的发火。本来你只是好好的坐在那里,她却会对你横加指责,一会儿说你把沙发套弄的歪歪斜斜的,一会儿批评你怎么还不去写作业。一旦你辩解几句,她就会认为你是在顶撞她,进而大发雷霆,结果每次只能以你委屈地回到房间收场。你完全不知道她是怎么了,因为以前你这样做的时候,她从来也没有发过火,只是这段时间突然变得挑剔了起来,即使你没做错什么,她也会找出理由冲你发火。无论你怎样做,她似乎都觉得不满意。你很想和她吵架,又碍于她是你的妈妈。

这时,你会怎么做呢?

A 冷战对抗语言暴力

一肚子委屈的你实在是烦透了妈妈的唠叨，你觉得她甚至无理取闹，你开始不理会发脾气的她，把她的话当成耳边风，甚至开始用冷漠不理睬的态度来回应妈妈的唠叨和责骂。可是亲爱的女孩，也许你的妈妈正处在更年期，也许是家里的事太让她烦心，不管是哪一种情况，又要工作、又要做家务、又要服侍老人、又要照看女儿的她确实有很多的理由可以发火，可作为女儿的你根本没必要感到生气或哀伤。

你是她的女儿，是她最亲近和最疼爱的晚辈，她有了烦恼你应该在第一时间关心问候的啊，如果用冷战的方式来对待，那么将会让你和妈妈的距离越来越远，还会伤到妈妈的心，因为她真的很爱你。

B 小火山爆发，对妈妈耍脾气

你会站起来为自己辩护和妈妈发生争吵，让妈妈知道你根本没做错，也不应该受到惩罚。你可以体谅她的心情不好，但你不能接受成为她的"出气筒"，于是你的小火山爆发了，用强势锋利的语言把妈妈的火气镇压下去。可是亲爱的女孩，在你发脾气之前请记住她是你的妈妈，她为你、为家日夜操劳肯定有很多不顺心的事情。这个时候可爱的你为什么不做个妈妈的"灭火器"呢？关心她安慰她。相信你的妈妈在听到女儿贴心的谅解和安慰之后一定会非常感动，她以后也不会随便对你发脾气，也许还会和你成为知心朋友呢！

C 事后与妈妈讨论

在妈妈发火的气头上，你什么也不会说。你知道，这时无论你说什么，都会引发妈妈更大的怒气，而且即使你有道理，她也根本听不进去。这时候你的言论——无论是讲道理，还是强词夺理地争辩——只会引发你们的争吵，进而伤害母女的感情。于是聪明的你避开妈妈的怒气，出门去或者回到自己的房间。在事情平息之后，选择一个恰当的时间，跟她谈一谈。这时的妈妈已经比较冷静，能够与你正常的沟通了，你可以把事情的前因后果向她表述清楚，向她解释当时你那么做的原因，并把她当时的情况也向她描述一番，相信这时，你的妈妈一定觉得有点儿不好意思，甚至会向你道歉。

你会劝妈妈，下次更加心平气和地处理类似的情况。你会让妈妈明白，你们是母女，你爱她，你愿意为她做任何事。受点小小的委屈也不算什么。但是，从她的身体考虑，还是要尽量避免发火，毕竟，生气对她的身体也是不好的。

悄悄话

如果你能按C的方法做，说明你很明智，又识大体。每个人都会碰上妈妈常发火的情况，怎么办呢？与她据理力争？没必要，你是晚辈，这么**顶撞长辈是很没礼貌的表现**。要知道，如果两个人都正在发火，是很难心平气和地讲道理的。其实在妈妈冷静后再跟她谈谈，效果就会好得多。*等一等，没什么大不了。并且你要记住，进入青春期，你就要变成大人了，大方的表达出你对妈妈的爱，像妈妈疼爱你一样，在她生气烦恼的时候送上关心和安慰吧！*

更好的方法

2 天呀！爸爸妈妈偷看你的日记

最近写日记在班级里风靡一时，于是你也迅速加入日记一族，买一个自己喜欢的日记本，把每天的小心情或者小秘密写进去，真是件开心且幸福的事。日记本很快就成了你的好朋友，每天写日记也成了你最大的乐趣。然而有一天，你意外地发现爸爸妈妈竟然偷看你的日记，想到自己那么多小秘密都被他们看到了，你十分恼火觉得很没有面子。

这时，你会怎么做呢？

A 和他们直接表达你的想法

你是个直率的女孩，对于自己的不满丝毫不掩饰。你会直接告诉父母以后不要偷看你的日记了。你已经长大了，有自己的想法和隐私，你希望得到他们的尊重。

亲爱的女孩，你想过为什么父母会偷看你的日记吗？那就是因为你和父母平时**缺乏沟通**，父母想要**更加了解你**，所以才出此下策。所以不妨以后经常向父母**汇报**一下你的情况，并请他们放心。告诉他们如果你有麻烦，肯定会**和他们商量**，不会自作主张做坏事的。

B 把日记收得更隐秘

你不希望这样的事情再次发生。所以你把日记收得更隐秘，或者改一个难破解的密码，让父母从此再也找不到、打不开。如果你想这样解决的话没有问题，可是你必须**理解父母的担心**，知道他们是为了**了解你**才偷看日记的，于是你可以**大方坦白**地告诉他们，那些日记只是你的一些心事，没有什么解决不了的麻烦事。

把坏事变成好事

你非常聪明,发现父母偷看日记后你不但没有生气,反而十分开心。因为你终于找到了让父母了解你的途径。从此以后你就把想对父母说的话都写在日记里,一些你想对父母**倾诉**或者**不好意思开口**的话就可以用这种方式让父母知道。这下他们会知道你的真实想法,比面对面开口要容易多了。慢慢的也许你会发现父母变了,变得**更加理解你,支持你的想法**。

悄悄话

亲爱的女孩，如果你发现父母偷看你的日记千万不要发脾气，因为他们只是想更加了解他们自己的女儿。想想看，是不是你经常回绝他们的询问呢？**如果你能主动的和父母沟通，他们也不会这样煞费苦心的偷看你的日记啦！** 这做法真不错，聪明的女孩你想到了吗？你可以把想对父母说的话写在日记里。可是，那些不想让他们知道的事呢？你可以写在另一本日记里。但是一定要记住，**遇到自己不能解决的麻烦或者烦恼一定要及时和父母沟通，父母永远是你能够依靠的最坚实的臂膀。**

更好的方法

3 如何应对妈妈的"空头支票"

你的妈妈经常痛快地答应你很多事情,比如她答应会和你去动物园、会带你去姥姥家,却总是在最后一刻反悔。每到你兴冲冲准备出发的时候,她却说有其他的事情,去不成了。妈妈的"空头支票"让你一次次的伤心失望,慢慢的,你开始觉得妈妈的承诺只是敷衍,她根本没想要真的陪你。

这时,你会怎么做呢?

A 再也不信她的承诺了

妈妈三番五次的爽约让你十分伤心，也很受打击。你是个腼腆的孩子，很多话都不愿意讲出来，于是你只能把委屈憋在心里不说出来，却暗暗下决定以后再也不和妈妈玩了。甚至当下次妈妈主动提出带你出门时，你就会非常失落地拒绝。

B 真实的告诉她你的感受

性格直爽的你会直接告诉妈妈你的感受。你对妈妈的做法感到十分失望，你甚至怀疑妈妈是否爱你。你会告诉她，你知道她很忙，但是你很期待她能留一点时间给你，并且和你一起做点什么。亲爱的，能够表达自己的感受非常好，可是你也要体谅妈妈，她可能平时很忙又不忍心拒绝你的要求，所以才总会爽约，当你下次再提要求时不妨先问一下妈妈是否有时间陪你！

帮妈妈争取"玩"的时间

你明白妈妈"放鸽子"只是因为她有太多的事情需要处理。如果能够帮她**分担**一些你**力所能及**的事，就会给妈妈争取多一些时间陪你！你能想到这一点真的很棒，你**懂得体谅父母**，并不是对父母一味的抱怨。所以你会把自己的房间收拾好，把地扫干净，这样妈妈就能腾出多一些时间履行对你的承诺啦，聪明的女孩们，快快行动吧！

亲爱的女孩，**一定要让妈妈知道，和她独处的时间对你来说多么珍贵**！如果她实在不能抽出时间陪你，你也不要为此责怪妈妈，大人们在现实生活中有很多事身不由己，只有这样才能获得更多的收入而满足生活的需求。所以当你对父母提出的要求没有得到满足时，要**学会体谅他们**。在这个问题上B和C就做得很好，她们不仅会主动和妈妈沟通，表达自己的需求，还能体会妈妈的辛苦，主动承担家务。勤劳的**女孩们，赶紧行动起来，为妈妈争取更多的休息时间吧，这样她才能踏实的陪你玩哦**！

更好的方法

4 怎样和妈妈和平共处

你喜欢的衣服妈妈以她不喜欢为理由拒绝买给你，爱看的娱乐节目被妈妈严厉禁止，和朋友的聚会被妈妈的阻拦搅的失去兴致！此时的你觉得妈妈好烦，为什么要处处阻挠你，为什么你们的争论总是被她强势镇压？无计可施的你真想把自己变成一只小刺猬。

这时，你会怎么做呢？

A 拒绝和妈妈接触、交流

在妈妈面前处处碰壁的你真是快要崩溃了，而每次的争论都以你失败告终，你再也不想和妈妈接触了，于是你躲得远远的。你认为这样妈妈就再也抓不到把柄管你了，你甚至会想也许妈妈看到你冷漠的态度就会自我反省，对你妥协。可是亲爱的女孩，你这样做等于在你和妈妈中间筑起了一道厚厚的墙，越是这样你们就**越不能了解对方真实的想法，而且你的冷漠和疏远也会让妈妈很伤心。**

B 换更好的方式和妈妈沟通

沟通是解决问题最好的办法。和妈妈激烈争论后你非常后悔，你觉得自己不应该这样顶撞妈妈，即使她阻拦你做自己想做的事。于是你**冷静**下来寻找**解决办法**，你最后决定要和妈妈好好**沟通**，找时间和她谈心或者给她写一封长长的"自白书"，让妈妈了解你真实的想法。这样就能让你们很快得**了解彼此，解开心结。**

提醒自己：不再为小事发火

虽然没有按捺住坏脾气和妈妈争论起来，但你仍旧是个善良孝顺的孩子，你想到妈妈为了你日夜操劳就非常的心疼，所以你对自己的行为十分内疚。和妈妈约个时间一起说出各自的心里话。心平气和的沟通，是最好的方法。你提醒自己以后再也不为鸡毛蒜皮的小事跟妈妈争论了。其实你可以想想你们到底是因为什么争吵？那些事情真的值得你们争执吗？在做那些妈妈可能反对的事情或者决定之前为什么不提前和她沟通，争取她的认可呢？

悄悄话

对于这个问题B和C的做法都是可取的。亲爱的女孩，现在回忆一下你和妈妈发生争吵的过程，是不是总是有某个细节引爆你们的争吵呢？是你的语言偏激还是妈妈蛮横的态度？其实这些事完全是可以避免的，找出症结，下次注意。还有亲爱的你要记住，你已经不是小孩子了，要懂得体谅家人的辛苦，既然知道你的很多决定要遭到反对，为什么你还要这样去做呢？**要想得到别人的尊重，你首先必须尊重别人**，这个道理对于家人之间也是适用的，试着每次做决定前争取父母的意见吧，只有你先尊重了他们的想法，你的行为才能受到他们的尊重啊！*争吵是解决不了问题的，沟通吧，和家人心平气和地去沟通，你会收获父母更多的关爱和理解！*

Best 更好的方法

5 分享了父母爱的妹妹让你不快乐

你的很多朋友都很羡慕你有一个可爱的妹妹,可是你却并不引以为傲,反而因此很苦恼。因为虽然妹妹能陪你一起玩"家家酒",一起去公园,一起去上学,可是无论什么东西,别的同学可以享用完整的"1",你却只能享受"1/2",剩下的"1/2"是妹妹的。你甚至想如果没有妹妹你就可以得到全部了,尤其是当父母关爱妹妹多一些的时候,你的心里就更不是滋味了!

这时,你会怎么做呢?

A 收好属于自己的东西

心里的不平衡和委屈让你再也不能和妹妹和平共处下去，你认为她得到的比你多，却还要不时地来分享你的东西，于是你要和她划清界限，收好属于自己的东西，井水不犯河水。你甚至还会处处针对妹妹。可是亲爱的，这样你就会开心了吗？其实问题的根本不在于谁的东西多少，而在于你的内心，在你心里父母偏袒妹妹已经是既定事实，你的"**委屈**"、"**小自私**"和**愤怒**，一股脑的都冒出来了，和妹妹划清界限后你还是会**难过、委屈，不平衡**，难道不是吗？

B 和父母说出你的感受

你内心的不平衡感越来越强，于是你决定找父母好好谈谈。问他们为什么偏袒妹妹，为什么每次分东西都要让着妹妹，为什么你们不能得到公平的对待。你的父母也许会恍然大悟，你的"质问"让他们突然发现原来自己的大女儿有这样的想法，他们竟然一直忽视了你的感受。亲爱的女孩请你先冷静下来，其实父母真的没有故意去偏袒谁，去爱谁多一点，你和妹妹都是他们的孩子。你这样坦白地说出你心里的想法很好，这样父母在以后的生活中就会注意你的感受，给你更多的"公平"。不过你要明白，作为姐姐你要疼爱妹妹，毕竟她还小，她不会故意去和你争夺父母的爱。

她多我少也没关系

作为姐姐的你会感到自己的**责任**，因为你是家里的"老大"，所以你有"老大"的**胸襟**。你根本不会在乎东西分的多少。妹妹有时候会撒娇，让父母多偏袒她一些，所以她总是会获得更多挑选占有玩具零食的权利。这时的你并不会生气，反而和父母一样觉得她撒娇的样子很可爱。慢慢的，妹妹长大之后也会理解你这个姐姐对她是多么的**包容和体谅**，她会用加倍的体贴来回报你。

悄悄话

可爱的孩子，你要理解，**妹妹是比你小的孩子，她没有你强大，没有你懂得多，所以父母多关注比你弱小的妹妹是很正常的**。而你作为姐姐，为什么不像C一样去表现出姐姐的责任感呢？我想如果你像C那样去做了，你的妹妹会非常幸福和骄傲的，因为她有一个这么疼爱她的姐姐。当然你也可以像B一样去表达自己的感受，**让父母了解你的真实想法，可是千万不要因为自己心里的不平衡就对家人有偏见，甚至疏远家人哦**。

Best 更好的方法

6 粘人的小妹妹让你烦恼不已

叔叔家的小妹妹总是不打招呼就直接闯进你的房间,这让你很苦恼,因为你不希望自己的私人空间被别人打扰,而且妹妹总是会随便碰你的东西,把你精心收拾的房间弄乱。忍无可忍的你用尽了办法,锁门、劝说、拿零食贿赂,但是治标不治本,小妹妹总是在尝到甜头不久之后就故伎重演。真是让你无计可施。

这时,你会怎么做呢?

A 狠狠教训她

此时的你觉得妹妹太过分了,你想不通她为什么喜欢粘着你,总是来烦你。在用过锁门、劝说、零食贿赂多种办法之后,你再也不能和颜悦色地对她了,你开始使用暴力,只要小妹妹闯进你的房间捣乱,你就对她暴力相向。可是你会发现,小妹妹会慢慢疏远你,甚至怕你,她还小,作为姐姐还是**宽容**的看待她的调皮吧!

B 请求家人教育她

你已经对妹妹的调皮束手无策了,只能请家人出来帮忙。你会向家长**讲明**你不希望被打扰的原因,并希望他们看管好妹妹不要再闯进你的房间。

和妹妹约法三章，达成和解

你是个很有**耐心**的人，虽然妹妹的调皮让你哭笑不得，她的行为有时打扰到你，可谁让她是妹妹呢，于是你决定**改变策略**和妹妹**约法三章**。你明白妹妹是喜欢和你玩才会总闯进你的房间，于是你答应只要妹妹听话你就会陪她一起玩。能这样做你真的是个好姐姐，并且你的**大度亲和**会得到更多人的喜爱。

悄悄话

亲爱的女孩，**我们在生活中会有不同的身份，扮演不同的角色。**在父母面前你是女儿，在老师面前你是学生，在妹妹面前你是姐姐，这就要求**你在面对不同人时要有不同的态度。**小孩子在小的时候还不太明白道理，你需要对他们十分有耐心，这是解决类似事情的前提，当面对难缠的妹妹时，你要明白你不只是你自己，你还是姐姐。所以像C那样做是很棒的，不仅教育了妹妹，得到她的谅解，还能增进你们的姐妹情。如果妹妹实在调皮和解不成的话，采取B的做法也是不错的。**一定要记住不可以随便发脾气，采用暴力哦**，那样会让你在大人们和妹妹心目中的形象大打折扣。

更好的方法

7 怎样跟"讨厌"的表哥过假期

盼啊盼终于放假了,你早已经把难得的假期安排得满满的,还制定了好多和好朋友的甜蜜约定,就在这时妈妈告诉你,表哥要来你们家过假期。天呀,简直是晴天霹雳!你跟表哥从来都是冤家路窄,想到漫长的假期你要和他住在一起,先前的好心情顿时烟消云散,失落至极。

这时,你会怎么做呢?

A 冷战爆发，对表哥视而不见

你很有自己的小个性，对于自己讨厌的表哥你决定采用冷战的方式对待。表哥到来之后你会对他视而不见，以此表示你对他的不欢迎，你甚至希望他能知趣一些早点离开。可是亲爱的女孩你想过吗，如果你的表哥对你的"视而不见"无动于衷，你岂不是更加郁闷？

B 请求休战，重新建立好感

你是个**通情达理**的孩子，你明白即使从前和表哥有过不愉快的经历，可那些都是过去的事了。你会对表哥的到来表示**欢迎**，**主动**和

他说话，和他重新建立好感，毕竟是有血缘关系的哥哥，总不能一辈子不往来不接触啊！人与人就是这样需要接受与不接受，如果你不接受表哥，你就会觉得他也在排斥你，其实这都是你自己的小心结罢了。**主动去接受别人，才能获得别人的理解和喜爱。**

对客人谦让一点儿

你尝试了用各种方法劝说自己接受表哥,可是都失败了。你又不想和表哥一直处于"备战"状态,于是你就想一下,主人是如何待客的呢?当把他当成客人,你这**主人是无论如何不能对客人无礼的**。所以这样既保证了你和表哥的**和平共处**,也能让你过的**开心轻松**一些。时间一长,你就会发现你们的关系会发生你**意想不到的变化**哦!

其实没有什么大不了的，就算你之前不喜欢这个表哥又怎样，事情都过去了，何必总用旧眼光看人呢？多一个朋友总比多一个敌人要开心的多。青春期的女孩容易小心眼，所以更要**提醒自己不要做一个小气的人，宽容接受你不喜欢的人是一件很伟大的事哦**。而且表哥真的那么让你讨厌吗？难道不是你戴有色眼镜看他吗？所以**学会把自己的心态放平，把自己的心打开**，不要随便地对别人心存芥蒂，这样才能活得开心啊！如果你目前没有办法像B那样，你也可以学习C，保持起码的礼貌总是好的。

Best 更好的方法

8 你不想做家务

你的父母总是会分配给你一些家务,占用了很多你原本可以放松玩耍的时间,甚至还影响了你原本的学习时间。他们一会让你整理自己的房间,一会又让你倒垃圾、洗盘子,你感觉他们好像在特意针对你。做家务真的是件让人头疼的事情,怎么永远都有没完没了的家务呢?于是你开始有各种情绪,开始为此烦恼。

这时,你会怎么做呢?

A 耍小脾气"警告"父母

你觉得父母塞给你的任务是你不喜欢的，完全违背了你的意愿，于是你开始耍小脾气、摔门、不讲话、摆臭脸，以"警告"父母以后不要再"命令"你做家务了。可是亲爱的，你要记住，坏情绪永远不要做出来，而要讲出来。沟通，是我们人与人之间最美好的艺术。你为什么不开个家庭会议，向父母说明你的真实想法呢？耍脾气不仅会伤父母的心，还会影响你的情绪。父母让你做家务，开始让你学习照料自己的生活，因为他们知道你正在长大，你需要自己的空间，自己的事情自己解决，这是多么棒的过程啊！

B 和父母完美分工

零七八碎的小任务让你烦乱，可是你是个很聪明且善良的孩子，你主动找父母谈话并把家务完美分工，于是以后你只需要完成自己负责的部分即可。比如，每周二、四、六由你刷碗，家里的垃圾都由你负责清理倒掉，你也会整理好自己的房间。当然，你是家庭的一份子，大扫除可不能偷懒，在每个周日，也许你们会一起打扫车库，一起清洁厨房，这与约定工作范围并不矛盾。要知道，设定家务工作范围的意义是，你有了明确的家务分工，人人都会看到你正在完成工作，并且做得很好。而你也学会了计划自己的生活、分配自己的时间——在什么时间处理家务，在什么时间完成作业，在什么时间玩，都在你自己的掌控之中。

多承担家务,并以此为荣

你认为自己已经长大了,你是家里的小主人,做家务是应该的,并以此为荣。所以,你非但不会逃避家务,还会主动承担家务,来减轻父母的负担。做家务不仅可以让父母高兴,还可以锻炼身体,偶尔还能捡到很久之前失踪的刀叉。做家务的过程,还可以看成是个探险的过程,这简直是太棒了。慢慢的你会发现,父母开始把更多任务放心地交给你,他们开始把你当成"小大人",他们知道你有能力照顾自己,并非常信任你能把一切处理得很好。被家人肯定的感觉真的很棒,你也越来越有自信了。

亲爱的女孩，你已经进入青春期，不再是娇滴滴的洋娃娃，而是家里的小主人了。做家务正是你行使主人权利的第一步，如果你对家务应付不过来还因此影响了学习，记得要学会和父母沟通，让他们给你更多成长的时间。你可以让他们为你划定清楚的家务范畴，这样既能让你的家务和学习不冲突，还不会那么劳累。**学会完美处理学习和家庭生活中的问题** 你会发现自己越来越棒，同学和家人越来越喜欢你，你会得到更多的肯定，你也会越来越自信的。

更好的方法

现在，女孩儿们，来看看你的答案！

选A的有___ 选B的有___ 选C的有___

 **坚持原则的女孩**

　　你是这样一个女孩——在家庭里，原则和秩序对你来讲是十分重要的，你很坚持自己的主张。对家人和朋友你会用规则来区分他们的对错。你很能干也很能接受挑战。你十分积极、乐观而自信。很善于表达自己的观点，并能获得大家的认同。

　　需要注意的是：你不怎么善于倾听哦。要记住，被理解是很重要的，但是去理解其他人的观点和想法同样重要哦。不太容许别人有自己的观点和想法，到最后你就会失望，因为不是每个人都能遵守你的规则。

B 开诚布公的讨论者

你是这样一个女孩——你最喜欢的事情就是在每天和妈妈来一场舒服的长谈。你很敏感，也十分在意他人的感受，当其他人有什么想法时，你总是能发现蛛丝马迹，然后很敏锐地察觉到他们真实的感受。对于你最亲近的人，你总是能让他们感觉到你的心意和爱，你也倾向于与他们达成共识。

遇到分歧时，你会尝试寻找每个人都能接受的解决方案。你希望每个人都能开诚布公地把事情讲出来，然后讨论并达成共识，直到大家都感到舒服为止。你不希望家人中有任何隔阂。

可是亲爱的女孩，你要明白，每个人的想法都是不同的，不是每次发生问题都能达成统一，如果没有得到你想要的、一致的回应，你也许会失望，但是你需要接受。尽量找出一种积极的方式表达自己的感受吧，比如写信的方式就不错。

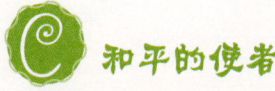 和平的使者

你是这样一个女孩——对待生活你有着轻松的、甚至满不在乎的态度。对于家人来说，你总是给大家带来欢乐，是大家的"开心果"、"小宝贝"。与你在一起生活是一件非常快乐的事情，因为你能让生活变得轻松。

你有一种无私奉献的精神，你的家庭对你来讲十分重要，你总是默默地为他们付出着。

你特别乐意"随大流"，当有分歧发生时，你总是不去表达自己的意见，而是默默地听从别人的安排。

需要提醒你的是，要学会在适当的时候表达自己的观点并引起大家对你的关注。要知道，你也是这个家庭的一份子，而且你也很重要。总是不发言，希望别人把自己忽略掉，这样就没有人知道你真正的需求啦！

如果你有2个或3个选项一样多，嗯，那么恭喜你，你有很强的适应力，并且能协调好自己在生活中的不同角色，并且能生活的丰富多彩！

关于家庭中的更多的烦恼问题,记下来寄给我们,会收到意想不到的礼物哦!

PART 2

朋友篇·友谊花园里的毒蘑菇

　　叶子和太阳是朋友，于是它们一起制造出氧气，鱼儿和海洋是朋友，于是它们一起构成了奇妙的海底世界，因为是朋友所以息息相关，因为是朋友所以形影不离。而可爱的女孩更是离不开朋友，伴你入睡的洋娃娃，憨态可掬的小猫咪，总是调皮的邻居哥哥，有了这些朋友才让你们成长的道路色彩缤纷。

　　可是叶子会枯萎，鱼儿会老去，你们会长大。长大后你会有这样一些朋友，她们与你年龄相仿，有很多的共同语言，甚至有好多的小秘密。你们一起哈哈大笑，一起吃饭，一起去购物，仿佛一刻不见都会空落落的。然而慢慢的你会发现，结交朋友和经营友谊并不是一件容易的事。交朋友开始变得复杂，友谊除了带给你棉花糖般的甜蜜，还会让你品尝到巧克力的苦涩。

　　在接下来的日子里，你经营友谊的方式将会受到很大挑战，你该如何应对？翻开下面的书，会让你发现不一样的自己。

1 如何应付"威胁"你的朋友

你有两个好朋友佳佳和月月,你与她们关系都很密切,但她们两个彼此却没有好感。有一天,佳佳突然对你说:"如果你仍然和月月做朋友的话,我就不再理你了,以后我就不是你的朋友了"。

这时,你会怎么做呢?

A 从此疏远佳佳

佳佳的"小威胁"让你非常为难。你甚至想找出佳佳如此讨厌月月的原因，可是你却不得其解。佳佳的友谊让你感到了很大的压力，反而和月月在一起的快乐轻松让你喜欢月月多一些。于是佳佳的无理要求让你渐渐疏远了她。可是亲爱的你要明白，佳佳排斥月月正是因为她很*在乎*你这个朋友，是佳佳的*小自私*让她不想和月月分享你这个好朋友，所以在疏远佳佳之前还是*好好考虑，想想别的办法吧！*

B 想办法让她们俩成为好朋友

善良的你明白佳佳和月月都是你的好朋友，你不愿意放弃她们任何一个，于是你希望佳佳能够接受月月，让你们三个人成为永远的好朋友。其实青春期的女孩都会有这样类似的经历，所以当遇到这个问题时，就用你

的*友谊去化解*这场没有硝烟的战争吧，让佳佳抛开女孩的那些*小肚鸡肠*，体会到和月月在一起的快乐并成为好朋友，这将会是一件很*令人开心*的事。

过段时间再考虑这个问题

你会先做一个"夹心人",和她们都保持关系。你认为,出现这种情形可能只是因为她们在恼气,过段时间等她们气都消了,那时候再来看这件事,也许已经不成为问题了。谁知道她们不会成为更好的朋友呢?

悄悄话

亲爱的女孩，青春期的你会有些小情绪，小心眼和小自私。所以友谊常常是我们发挥自私威力的牺牲品。然而友谊又是一种十分奇妙的感情，它能让我们疏远，也能让两个原本不相干的人靠的很近。如果你也遇到类似的问题，不如像B那样去做吧，**不要轻易放弃一份友谊，也不要盲目的被友谊牵着鼻子走。** 勇敢地做你认为正确的，运用你自己的小聪明去浇灌出更多的友谊之花吧！

更好的方法

2 你总是嫉妒朋友，怎么办

当你的朋友人际关系比你好，考试成绩比你好，或者当她有一件比你的衣服漂亮得多的衣服时，你总是感到十分嫉妒，甚至于你会想说些很酸的话来讽刺她。你真的不想这样，你真怕控制不住自己。

这时，你会怎么做呢？

A 自己和自己比，不和别人比

每个人都有自己的优势和劣势，没有人是完美的，更不可能处处都比别人强。当你的朋友在某些事上比你做得好时，只是让你多一个目标——那就是把其他事情做得更好。你不可能在每件事上都比别人强，当然她也不能。把这些都当做一种激励吧。

B 为自己有这样的朋友高兴

有嫉妒才能发现强者，才能发现自己的不足，你为有这样的朋友而感到欣慰，你会把她当作你的学习榜样，多多发现她的优点，弥补自己的不足，相信你将来有一天会和她一样优秀的。

C 不让嫉妒浪费自己的精力，把嫉妒转化成动力

发现自己的优点，学会赏识自己。在日记本里，把自己的优点找出来，写在本上，再把嫉妒别人的事情记下来，然后看是否自己也能做到，或做得更好，把嫉妒转化成动力，这会让自己更加自信和快乐！

悄悄话

　　A、B、C 都是积极的做法和态度！嫉妒是女孩的天性，也许你无法回避，即使你在很刻意的压抑，仍然发现无法避免嫉妒心作祟。那么，你为什么不试着转化这种情绪呢？山外有山，总是有比你强的人，也有比你弱的人，**与其浪费时间和精力去嫉妒别人，还不如想想怎样让自己做得更好呢！** 把嫉妒转化为动力，让自己更加努力，更加优秀，你就会变得更积极，你的生活也会一天比一天快乐。不信试试看哦！

Best 更好的方法

3 泄密的朋友，真气人！

你把芳芳当成最好的朋友，你总是悄悄地把自己的小秘密告诉芳芳并请她为你保守秘密。可是没想到几天之后，你发现大家看你的眼神都怪怪的，还有人在背后悄悄议论你。原来，芳芳把你的小秘密告诉了别人，如今班上的好多人都已经知道了你的小秘密。你觉得好尴尬呀！

这时，你会怎么做呢？

A 直接去质问芳芳,并警告她

当你发现芳芳没有替你保守秘密的时候,你立刻跑去质问她。因为你是出于信任才把秘密告诉她的,而她没有权利把你的秘密告诉别人。你质问她为什么要这么做,难道不知道这样做会令你很尴尬很伤心吗?你甚至警告她,如果她再这样泄露你的秘密的话,她的秘密也会保不住的。如果她再这样做,你就会彻底和她绝交。你认为一个出卖朋友秘密的人就不再有资格做你的朋友了。

B 和芳芳好好谈谈,以后还是朋友

此时的你认为芳芳是无意中说出了你的秘密,你不想在事情还没搞清楚的时候就去责备她,你更不想因此失去一个朋友。于是你找了一个合适的机会,询问她这样做的原因,了解她是否有苦衷,是否已经很愧疚。你们真的还太年轻,年轻到有说不完的话,年轻到对别人的一切都充满好奇,女孩和女孩之间聊天最爱聊起姐妹之间的小秘密,所以像芳芳这样无意中泄露你的秘密也是很正常的,毕竟她的泄露秘密的目的不是伤害你。

不在乎，知道又怎样呢

你知道，大家都知道的秘密就不再是秘密了。于是你十分乐观地采用沉默的方式，无论谁提起，你都不去辩解或者解释。这样大家很快就对这件事失去兴趣，转移了注意力。亲爱的女孩，我只能为你鼓掌，因为你做的太棒了，你有效地维护了自己的自尊，并且对朋友表现出极其的大度。

悄悄话

　　真的不用去在乎！**世界上没有永久的秘密。**当你把你认为是秘密的事情告诉别人时，其实秘密就不存在了。事实是你自己先把秘密传播出去的，怎么能怪别人呢？建议当你想和朋友分享秘密时，首先要有秘密可能会被公开的思想准备，如果你认为这没什么再和朋友说吧！而且请可爱的女孩们记住，**不要对别人的事情过于好奇**，小心自己一不留神成为传声筒，因为贪图一时的口头痛快而失去一个朋友，就太不值得了！

更好的方法

4 为什么她总是模仿你

朋友和你一起购物时，总是喜欢和你买一样的东西，比如买笔时你挑哪个样子她就会挑哪个样子，你选什么颜色的她就马上和你选同一个颜色的，这让你十分苦恼，因为你不想和她有同样的东西！最苦恼的是最近姑姑送给你一件很漂亮的衣服，同学们都很羡慕你，正在你为自己的漂亮衣服骄傲时，她竟然也买了一件一模一样的衣服，并且还向你炫耀那双和你一样的你最喜欢的鞋子！

这时，你会怎么做呢？

A 疏远她，再也不想看见她

告诉你的朋友，你很不容易才保持了自己的独特性，你花了很多心思，而你不喜欢和任何人穿得一样，是的，任何人！她应该认识到对你来讲，保持自己的风格有多重要。并请她下次再也不要这样了，不然你会不高兴的。

B 帮助她找到适合自己的风格

找一天和她一起去逛街，帮助她挑选服装。她也许不清楚自己该怎么打扮，而模仿你是她想到的"捷径"。这样的她需要一点点**鼓励**和**指点**，而你就是给她这些的最好的人选。

C 开心接受她的行为

大度的你并不因为她的行为气愤，你认为穿一样的衣服，用相同的东西这是很 正常 的。即使是她真的在模仿你那也没有什么大不了，这正说明了她喜欢你，而你也应 欣然 接受这个朋友。

悄悄话

亲爱的女孩，如果遇到这样的问题不妨试着像C那样做吧。青春期的你们正处于心智发展，趋于成熟的阶段，此时的你们有点小自私、小虚荣也是很正常的，你希望自己独一无二、受人瞩目，所以当发现别人模仿自己时你就觉得很糟糕。可是反过来想想，**用宽容的心态去对待**，毕竟谁也不能规定别人不能和你用一样的东西，穿一样的衣服啊！如果你想像B一样找她好好谈谈也是很好的，但是记住一定要语气平和，如果她真的在盲目模仿你，**那么请你告诉她，她有很多优点**，她的皮肤很白，她的眼睛很漂亮，她完全可以根据自身特点去挑选更加适合她的东西，这样你不仅帮助了她，还能多一个好朋友，何乐而不为呢？

更好的方法

5 如何安慰失去父亲的朋友

你有一位好朋友的爸爸曾经病了很长的时间,而他在几天前过世了。你知道你的朋友一定非常伤心,你也替她感到非常难过。你很想安慰她,但是你不知道该对她说些什么,或者你该为她做些什么。你不清楚她是否想与人交谈,可是你又担心她把悲伤藏在心里会很难过。

这时,你会怎么做呢?

A 直言不讳，弄巧成拙

看着自己的朋友独自一人忍受着失去爸爸的痛苦，你十分心疼，于是天真的你直接找她谈起她爸爸去世的事，并且用心的安慰。而你的朋友可能在听到你的安慰后再也不愿意理你，因为你直接的安慰可能已经伤害到了她的自尊心。所以在安慰之前一定要想清楚，她能否接受别人谈论她失去爸爸这件事，不仅如此，你还应该学会在不同的场合使用不同的表达技巧，照顾别人的情绪。

B 给她个肩膀，让她可以悲伤

你会先问问你的好朋友她是想对人倾诉，还是只想自己安静地待着。你需要告诉她，你会一直在她身边，陪着她。如果她想说话，想表达，那么你们能谈论的最好的事情就是所有她爸爸做过的温馨的事情，给她一个温暖的回忆。告诉你的朋友，无论何时她想谈论都可以。当她准备好之后，她会确定她有一个非常信赖的朋友可以倾诉，并且有一个肩膀可以随时让她依靠。

C 用行动帮助她忘记悲痛

好朋友的爸爸去世了，这无论如何都不是一件愉快的事情，不论怎么安慰，也许都会惹起她的伤心。此时的你不愿意再多说什么去勾起她更多的伤心回忆，于是你经常组织朋友们和她一起玩，关心她、帮助她，带给她友谊的温暖和快乐。或者只是聚在一起，然后谈论一些很平常的话题，用行动告诉她生活依旧正常，一切都在继续。这会非常有助于她度过难关，也能够帮助她很快地忘掉不愉快的事情。

B和C都是不错的办法。对于悲伤的好友而言，有一个可以倾诉的好朋友很重要。因为倾诉可以成为化解悲伤的工具。当然，作为好朋友，你还可以用行动使她淡忘痛苦，只是要注意，行动一定要恰当哦。**失去亲人的痛苦会使女孩的情感和自尊变得非常脆弱，**我们作为好朋友在帮助她安慰她之前，一定要**换位思考**，想想如果你是她你会怎么样，你会需要什么，什么样的话能说，什么样的话会刺激到她，学会将心比心才能更好的帮助别人啊！

Best 更好的方法

6 朋友对你不诚实，心里很难过

你最要好的朋友对你撒谎了。前段时间你问她要不要和你去看电影。这是你很想看的电影，也很希望能和她一起去看。可她却回答说她只想睡觉，对电影没兴趣。你接受了她的解释，只好一个人去看了。可是没想到，当你独自到达电影院的时候，却看到她和别人一起来看电影了。

面对这个"背叛"你的朋友，这时，你会怎么做呢？

A 生气地质问她

怒气冲冲地直接跑去质问她,问她为什么骗你说对电影没兴趣,问她为什么要对你撒谎。如果是她和别人有约在先你可以原谅她,但却不能理解她为什么要对你撒谎。你会明确地告诉她,希望她下次能够实话实说,毕竟朋友之间要诚实。但是亲爱的女孩我要告诉你,**冲动是魔鬼**,你这样气冲冲地去质问她,会让她在朋友面前很尴尬,还会伤害到你们的友谊,即使再气愤,也要**冷静**下来,学会**事后解决**。

B 了解事情的前因后果再做决定

也许这中间有什么误会?是你的朋友在你询问她之前就已经答应了别人一起去看电影?还是有什么特殊情况导致了这种状况?一直生气不能解决任何问题,于是你会去问清楚到底是怎么回事。其实你不是小气的人,不会因她早已有约拒绝你而生气,只是希望能搞清楚事情发生的原因。这样,再来决定接下来怎么做,是原谅她,继续和她做朋友,还是跟她掰了。其实你要明白,每个人都有**自己的选择权**,即使你们是朋友也要给她空间让她做想做的事,当然她不陪你看电影并不代表她不在乎你这个朋友。

C 装作不知道

　　感觉受欺骗的你并不会冲动地做任何举动,你既不会生气,也不会恼火。你认为她对你撒谎是怕伤害你们的友谊,怕你不能接受她拒绝你的理由,所以才撒了个"善意的谎言"。既然如此,你也不用去拆穿他,就让这件事成为你们之间美丽的"小秘密"。再说,也许有一天她会告诉你事情的原委呢!

B和C都是你可以采用的方法哦！如果你的朋友是个什么事都满不在乎的女孩，经常忘事，那么像B那么做比较适合你。也许知道了事情的原因，你就不会那么生气了。你们的友谊也就没有你想象的那么糟糕，**如果她确实是事出有因，就试着去原谅她吧，**这样让两个人可以彼此都更快乐呢！当然，如果你的朋友是个朋友很多的人，还是像C那样，装作不知道好了。如果按A那样做，也只是一时的发泄气愤而已，结果会怎样呢？事后你会开心吗？如果知道了她是故意的，不喜欢和你在一起，也只能说明你们不适合做朋友而已。那就试着找个新朋友吧！**不是有过交往就能成为永远的朋友的！**

更好的方法

7 如何理解失约的朋友

你和莉莉是形影不离的好朋友,你们总是一起放学、一起上学、一起吃东西、一起写作业,甚至上厕所都一块去。这个周末你约莉莉到你家里来玩。你还特意让妈妈精心准备了点心、饮料,还有你们俩最爱看的图书。可就在你满心欢喜的等待莉莉到来时,莉莉却打来电话说有事不能来了,你感到很失望。

这时,你会怎么做呢?

A 开始怀疑你们的友谊

莉莉不能来,你感到失望极了,你甚至开始有点怀疑她是不是像你一样那么重视你们之间的友谊——有什么事情能比来你家和你在一起更重要呢,何况这是你们早就约好的。她不能来已经是既定的事实,你也没办法。但是你心里仍旧会感到很不舒服,有点闷闷的,看着已经准备好了的那些零食,你非常伤心并决定以后再也不约她了。亲爱的,此时你的"小自私"在作祟哦,一定要*注意控制*,我们不能过于在乎自己的感受,遇到问题要学会*为他人着想*,这样你才能做个*合格的好朋友啊*!

B 了解到底发生了什么事,自己能否帮助她

此时的你非常担心莉莉遇到了什么麻烦。你是她最好的朋友,如果不是很重要的事情她不会不来的,这时你会抛开莉莉失约给你带来的失落感,并询问她是否需要你的帮助。你相信莉莉一定是有重要的事情才不能赴约的,你们之间的小聚会随时都可以再约。

这是经常发生的事情

你很懂得把握朋友间相处的距离,你明白即使你们好得"像"一个人,可你们毕竟都会有自己生活的圈子、家人和各种琐事。她肯定有突发状况而无法来参加你们的约会,所以你十分体谅她!如果她以后不愿提起这件事,你也不会再追问。因为你要尊重朋友的隐私,这样彼此留有余地的友谊才会更加长久。

悄悄话

既然是形影不离的好朋友,既然她告诉你她有事不能来,那一定是有很紧急的事。是的,你很生气,也很失望,但记住,这不是背叛,知道吗?**谁都有可能为了其他选择而放弃约会,你也会有这种情况发生的**。生活中本来就有很多突然的变化,况且你们还不是成年人,很多事情不是你们来左右的,这种情况就更容易发生了。

当然,即使真的没有事情发生,她只是不想来参加你们的聚会了,所谓的突发事件只是一个借口,你也不要生气或者发火。**每个人都可以有自己的选择**,如果她做出了不赴约的选择,作为好朋友,你要理解她。要用**宽容**地态度看待这件事,并相信,只有这样的**彼此尊重**才能让友谊长存。所以我们不妨向B和C学习吧,学习做一个贴心的好朋友。

更好的方法

8 啊！她居然吸烟！

你发现你的好朋友在偷偷吸烟，这是你们的父母明确要求你们不能做的事情之一。你无意中看见她和她的其他朋友在礼堂吸烟。你觉得应该让她的父母知道这件事。可你的一个朋友却说你不应该告诉她的父母，因为如果这样做了，你的好朋友是不会原谅你的。

这时，你会怎么做呢？

A 矛盾心理，渐渐疏远她

看到自己平日的好朋友吸烟，让你非常的**不理解和不开心**，因为你不知道如何帮助她改掉这个不良行为。朋友告诫不能向她父母告状，可是你又碍于面子不知道怎么对她进行劝解，于是矛盾心理让你非常痛苦，你甚至开始因为她吸烟而把她列入了坏孩子的行列，矛盾心理促使你不知道如何是好，于是渐渐的疏远她，放弃了这个朋友。

B 开诚布公，好言相劝

此时的你认识到事情的严重性，不过还好一切才刚刚开始，因为你们是好朋友所以你一定要帮助她改掉不良行为，于是你要和她好好谈谈，劝告她不要再吸烟了，告诉她**吸烟的危害**，并承诺如果她不希望你告诉她的父母，你就不会去告密的。这样你不仅给了她**及时的提醒和正确的引导**，还会让她更加感激你，珍惜你这个好朋友。亲爱的女孩，你真的是她真正的好朋友，因为你真心地为对方着想，而不是怕影响友谊而对她的不良行为视而不见。

C 告诉她的父母

吸烟会导致可怕的肺癌、呼吸系统疾病和心脏病，并且吸烟对正处于发育期的你们来说有着很大的危害。此时的你认为情况紧急，一定要赶紧告诉她的父母。她的父母才有威力阻止你的朋友吸烟，这样才能避免以后她受到更大的伤害。可是如果她的父母没有采取恰当的方式沟通、教导，而是采取辱骂或者强硬的管制，那你的朋友将会受到很大的伤害。青春期的你们有着很强的叛逆心理，如果她认为父母的行为伤害了她的自尊心，勾起了她的叛逆心理，那么将会给她带来更糟糕的影响。

B选项不错。**好朋友就是要这样无话不说，她做了错事，你作为朋友就要赶紧的帮助她改正。** 千万别自作主张告诉她的父母，因为这样很可能让事情变得更加糟糕。如果她的父母狠狠地惩罚她，就会给她的身体和自尊心带来很大的伤害。其实，作为平辈的好友，你的劝解比父母的警告更管用！如果她不听劝告，你就要及时和她的父母沟通了，并要确保她的父母能体谅青少年这一阶段的叛逆，对她正确的管教。这就要求**我们平时处理问题的时候要多方面，多角度的换位思考哦！**

更好的方法

现在，女孩儿们，来看看你的答案！

选A的有___ 选B的有___ 选C的有___

 爱憎分明的火暴女孩

你是这样的女孩儿——从来不畏惧讲出自己真实的想法，特别是当遇到让你特别感兴趣的事情时。你爱憎分明，从不喜欢被他人左右，你会保护你的朋友，但也常因你的冲动而伤害你的朋友，并会因此伤害到你自身。你朋友多，但也会经常失去朋友。

需要改进的地方：要多给朋友表达自己意见的机会，注意认真去倾听他们想说的话。别人一样有自己的想法，也值得你听取。如果你肯这样做，那么你一定会赢得朋友们真正的尊重。你们的友谊之船也会航行得更加顺利。

 善良心细的女孩

你是这样一个女孩儿——特别喜欢结交朋友。非常珍惜你身边的每一个人，失去朋友会让你非常的伤心，你把友谊看得非常重要。甚至放弃自己的快乐，十分努力地让你身边的人过得愉快。你是一个很好的倾听者，也非常善良，你的朋友都很依赖你的支持和鼓励。

当朋友中有不愉快的事情发生了,你会尽自己最大的努力让大家好起来。你不肯表现你生气了,你很容易原谅别人,即使你自己受到了伤害,也能很快体谅别人。你总是试着让自己变得可爱,讨人喜欢,乐于助人。

请记住:不要用自己的委屈做代价来保证友谊,朋友之间是平等的,你需要确定,你让你的朋友有机会了解真正的你吗?委曲求全,有时并不能带来真正的友谊!如果友谊让你很累,总是受委屈,那你就需要学会表达你自己的情绪,学会说"不!" 记住,友谊是双向的,告诉对方你不高兴了,这很正常。

 自由精神者

与其他人不同,你聪明而理性,你很少和别人交流,从不苛求别人做你的朋友。你对待任何事都能保持积极乐观的态度,朋友们和你在一起会觉得非常自由舒服。你不怕被孤立,因为你总是很自信。

你知道吗?自信的你,总是让朋友不知道你在想些什么。

在发生问题时,朋友会觉得你很不在乎你们这段友谊,因为你总是表现出"无所谓"的态度。与他们分享你的想法和观点吧!特别是当朋友误解你时,学会表达会加深彼此的友谊,会让你和朋友更加了解对方。

如果你有2个或3个选项一样多,嗯,那么恭喜你,你是全能女孩儿,会和朋友在生活和学习中没有烦恼,自信而快乐!

关于朋友间的更多的烦恼问题，记下来寄给我们，会收到意想不到的礼物哦！

学校篇·小"社会" 大生活

　　小鸟在天空学会了飞翔，花朵在春天学会了绽放，而我们在学校里学会了知识。从 123 到加减乘除，从自然常识到生物理论，学校就像一位慈爱的长辈，给予我们无限的关爱和耐心的教导。从一个同桌到一个集体，从一场小游戏到人生哲理，学校就像一座魔法城堡，让我们懂得交往和成长的秘密。

　　亲爱的女孩，当你读到这里的时候，就说明你们已经长大了。慢慢的你会发现学校生活里越来越多的法则，和同学要和平共处，要融入集体，要积极进取；慢慢的你会发现学校生活里越来越多的不如意，被老师批评、被同学欺负、成绩下滑。可是亲爱的，你不觉得这一切都充满了挑战吗？你不觉得这是你人生中经历的最精彩的部分吗？

　　所以当你遇到这些问题时不要急着懊恼、逃避，来看看下面的选择，问一问自己，我该怎么做？

1 无法融入新学期的师生联欢会怎么办

虽然已经和新同学相处了半年，可是你仍旧无法和他们说说笑笑、打打闹闹像对待以前的同学那样。很快就要举办新学期联欢了，你为此十分烦恼，你不想参加，怕在这个聚会上受冷落。因为和新同学不能玩到一起，会很尴尬很孤单，但是班主任要求每个人必须到场。于是你陷入了深深的矛盾之中。

这时，你会怎么做呢？

A 参加联欢会并默默地坐在角落里

你害怕被排斥,害怕同学对你的话题不感兴趣,害怕被冷落后的尴尬,于是你默默地坐在晚会的角落里,不被人发现。

亲爱的,事实是这样吗?你真的有那么不起眼到没有人愿意理你吗?想让别人怎么对你,你就怎么去对待别人吧!想要别人喜欢你接受你,**就请先去接受别人吧!**站起来走上前去,你会发现一个不一样的新境界!

B 提前主动约好某个同学,联欢会时坐在一起

你为了不使自己在联欢会上过于被动或者被冷落,你可以约和你有同感的同学,并商定到时候要坐到一起。亲爱的,这真的是个很好的办法,不过我还是希望你能够在联欢会的时候**站起来去和更多的人成为朋友**,让他们**喜欢你,接受你**,这真的不难,马上行动吧!

C 相信自己会在联欢会上和同学相处的很融洽

　　你并不认为和新同学接触是多么困难的事，你有十足的信心会在现场和他们相处的很好。因为你有很多的小故事，小笑话，大道理，相信他们会对你说的话感兴趣的。亲爱的女孩，人际交往是件很有意思的事，**发挥你的优势，去吸引更多的人成为你的好朋友吧！**

悄悄话

亲爱的女孩，其实人和人的接触真的没有你想的那么困难，**保持微笑并怀着一颗真诚的心与人交往，没有人会拒绝和坦诚的人交朋友的。**记住，想要获得朋友就要先把他当做朋友，如果你连和别人接触的欲望都没有，凭什么让别人主动来接触你呢？

更好的方法

2 如何面对严重的"偏科"

你的语文成绩特别棒,你经常在报纸上发表小文章,同学们都称你为"小作家",这让你非常自豪。然而在学校里,和你的作文一样"闻名"的是你在全年级倒数的物理成绩。每次考试你总是因为物理成绩拉后腿,使总成绩落到后面,这令你十分伤心。更为严重的问题是,慢慢的你只想上语文课,想到要上物理课你甚至想"逃跑",当然物理课你根本也听不进去。

这时,你会怎么做呢?

A 偏科没什么大不了

拉后腿的物理成绩并没有影响到你的情绪，你认为每个人都有自己的爱好和特长，做好自己喜欢的、能做的就可以了，偏科对你来说算不了什么，你仍旧会有令人羡慕的语文成绩。可是我要告诉你的是，这是个很*没有创意的想法！也是懦弱和不负责任的一种表现。*因为物理没学好是你缺少对它关注，缺少对它用功的结果，是你对它没有了要求，放任自流，这个结果是你的原因造成的，即使你有了很令人骄傲的语文成绩，也不能否认这个事实的！还是放弃这种想法吧！

B 立即寻找弱势原因，马上解决问题

一直被人称为"小作家"的你因为物理成绩受到了很大的刺激，你觉得太没面子了，为什么物理会糟糕到年级倒数呢？你也很想把物理学好，可是你真的努力了，想到总成绩排名因为物理拉了后腿，你懊恼死了，于是你赶紧*找出*出现问题的原因，加长对物理的学习时间，抛开一切幻想以后的你会是什么样子，*马上行动*起来！

更加积极地学习弱势科目

你是个非常要强的孩子,怎么能容忍物理拖你的后腿呢?你认为自己既然可以把语文学得很好,物理就没有理由学不好。于是你决定积极迎接物理的挑战,将弱势科目变成自己的强项。亲爱的,你的自信和勇气真的很令人佩服,相信你这样的良好心态会给后面的学习奠定很好的基础。当然在开始的时候可能会遇到小挫折,但是千万不要气馁,坚持下去,一定会取得进步!

悄悄话

亲爱的女孩，我知道偏科是和喜好有一定关系的，目前的情况，不妨找找不喜欢学习某些科目的原因，然后每天给自己一点时间去发现并解决一些弱科的难题，为此要多付出一些耐心哦！过不了多久，你会发现其实这个科目也没什么好难的，只不过是一个假想的老虎罢了，一天解决几个小问题而已！就当它是弱势群体，需要你更多的关怀吧！这个方法是非常有效的，不妨试一试哦！

更好的方法

3 同学说你是老师的"马屁精"

品学兼优的你十分讨老师喜欢,于是老师什么事都愿意让你帮忙,收发作业、看管考场纪律、汇报班级学习情况等等,你为老师能那么信任你而自豪。可是这个时候你却发现班里很多同学开始对你指指点点,甚至背地里叫你"马屁精",你觉得委屈极了。

这时,你会怎么做呢?

A 向老师告状

倍感委屈的你此时心里很不平衡，你想他们肯定是嫉妒你，或者对你有误会。总之不管怎样，他们的行为让你很难接受，于是你决定找到老师告状，让老师为你主持公道。然而事后你会发现，他们说你"马屁精"的行为愈演愈烈了，甚至你开始怀疑自己真的是"马屁精"了。

B 和他们谈一谈

"马屁精"这个称呼让你心里很失落，你想肯定是你的某个行为让他们误会你了。于是你决定在误会加深之前，赶紧找机会向同学们解释一下，和他们谈一谈。然而事情可能没有你想的那么顺利，也许有几个同学表示了对你的理解，并表明会改变对你的看法，可是大部分同学的观点你却丝毫不能改变。

一笑置之，不理会他们

你不是很在意别人对你的看法，因为你明白你不能让每个人都喜欢你，你只是要求自己做到**问心无愧**就好了。于是你**一笑了之**，不理睬一些同学对你的意见。可是亲爱的女孩，也许你的不理睬会带来更严重的后果，他们甚至会认为你很清高，所以如果你决定一笑了之的话，请记得要和你的同学保持**正常的接触**，而不是自此一笑了之形同陌路啊！

悄悄话

虽然"沉默是金",可是也要看沉默的立场。其实C的做法从心态问题上讲是很好的,可是也要根据你在班级里的情况而定。如果你平时是个很爱和同学打交道的人,你完全可以不用理睬,照旧和同学们说笑,这样的你真的很宽容大度呢,慢慢的同学们也会理解你。可是如果你是一个不爱和同学接触的人,不妨像B学习,说出来让别人了解你,而不是误会你装清高。**误会的根源就在于不了解,所以平时还是多多和同学接触,让他们了解你吧!**

更好的方法

4 如何对付根本不存在的谣言

你之前最好的朋友在你们争吵后四处散布你的坏话，说你是个自私虚荣的女孩。其实这根本不是事实！但是当你走进校园的时候，总能听到有人对你指指点点的说："看，这就是那个自私的女孩。"这样的话语深深的伤害了你。

这时，你会怎么做呢？

A 气愤地找她算账

原本平静的生活突然被谣言打破了,最可恶的是那么多人不明是非的指指点点,于是气愤的你决定找到她,让她跟你说清楚并为你澄清。你还警告她如果不能收回谣言,那么你就会"以牙还牙"到处散布她的谣言。可是亲爱的,何苦因为别人的错误而让自己犯错呢?找她吵一架就能让听到谣言的人改变对你的看法吗?事实上不是这样的,他们反而会因为你的争吵加深对你的误会。

B 告诉其他朋友,请他们帮你澄清

此时的你非常气愤委屈,那么多人误会你不是好女孩让你觉得很丢人,你甚至走在校园里都无法抬起头来,于是你只能求助于你的好朋友,请他们帮你澄清。这样做真的能起到作用吗?难道朋友帮你向别人讲你是个好女孩别人就会信吗?小心会越描越黑,弄巧成拙,而且如果你不能因此开心,那这样做是没有什么意义的。

根本不放在心上,让谣言自然淡化

你是个很坦荡的女孩,你甚至觉得那些传播谣言的人很无聊。所以你根本没把这件事放在心上,当那些传播谣言的人在谈论你的是是非非,甚至还煞费苦心地琢磨研究时,你却在认真学习或者快乐的玩耍。你真是个聪明的女孩,俗话说,**谣言止于智者,你的快乐、自信、坦诚、宽容待人就是给那些误会你的人最好的答复。**

悄悄话

亲爱的女孩，在这里我们不妨向C学习，面对谣言不必放在心上，让一切流言蜚语都自己消失吧，所有不真实的东西都会在阳光下自然挥发的。"清者自清"做好自己，**你只要问心无愧就好了！**亲爱的请你记住，当面对误会时，如果你能找到很好的澄清方式最好了，可是如果你没有把握避免"越描越黑"时还是洒脱一点向C学习吧，用你最真实的自己，最自信的自己将谎言和误会一一击破！

更好的方法

5 她要求抄你的答案 该怎么办

每次考试的时候,你的同学总是要求你给他抄答案。在你身后坐着的女孩儿总会探头探脑地跪在凳子上,伸着脖子偷看你的试卷。你觉得她是在窃取你的劳动成果,并且让你感到十分的厌恶和困扰,怎么样才能制止她这样下去呢?

这时,你会怎么做呢?

A 向老师告状

此时的你觉得实在忍受不了她的行为，平常不用功，考试却用这种方式来提高成绩，认为她应该受到惩罚，于是你找到老师把她的抄袭行为一五一十地讲了出来。

B 警告她不要再抄袭你的答案

她这样抄袭你的答案严重影响了你的心情，以至于你无法正常考试。所以你直接告诉她以后不要再这么做了，抄袭是很可耻的行为，你不希望她是这样的人。当你想要向她表明你的态度时，也要用 **温和诚恳的语气**，并告诉她希望她下次能靠自己的努力完成考试。

C 拒绝她的行为 帮助她学习

你是个**善解人意**的孩子,你明白她是因为不会做才抄袭的,她敢于抄取你的答案而不是自己胡乱填写就说明她还是有上进心的。于是在课后你主动找到她,并承诺可以为她讲解习题,告诉她以后不要抄袭了,你相信她凭借自己的能力照样能考的很好!相信她从此以后再也不好意思抄袭答案了,而且还增加了她的学习信心,你还多了一个好朋友!

悄悄话

抄袭的确是不为人们所认同的行为，对待抄袭的要求时，你的态度一定要坚决"拒绝"！这是原则问题，没有商量的余地。考试是为了检验平时的学习情况，不作弊对于抄与被抄的同学来说都是好事。同学关系是建立在友好团结的基础上，而不是依靠考试时的"照顾"维持的。这种同学关系是不道德的，是不值得提倡的。告诉同学考试是为了检验平时的学习情况，名次排名并不重要，重要的是自己要遵守考场纪律，通过考试了解自己的真实成绩，然后查缺补漏努力提高，这才是考试的真实目的。

Best 更好的方法

6 学校公共浴室带来的烦恼

体育课后的你大汗淋漓,下课后的第一件事就是和班里其他女生去公共浴室冲澡,你十分为难,因为从小到大都只有妈妈陪你洗澡。你难以想象让别人看着你换衣服、淋浴会是什么样子,这让你非常难为情,你心里别扭极了,你根本没有办法这样做。

这时,你会怎么做呢?

A 忍着回家洗

当你走进公共浴室，看到那么多女孩嬉笑打闹着脱掉衣服洗澡的时候，你简直不敢睁开自己的眼睛，于是你赶紧跑出来并发誓再也不踏进去半步。所以每次体育课后你只能忍着满身的汗味，等回家后再痛痛快快地洗干净。然而这样你会非常难受，你忍受不了自己的怪味道，别人当然也受不了，这只会让你**更不安心！**是呀！谁愿和一个不洗澡怪味四溢的人做朋友呢？

B 请朋友帮忙

平日里你就很擅长出各种小点子，当然在这件事情上你也不会"袖手旁观"。于是你找来几个朋友，并约定以后一起洗澡、互相帮助。你们找来几块浴巾搭成临时的更衣室，既解决了尴尬问题，又觉得很有意思。

C 习惯它

虽然你对这种洗澡方式非常不适应，可是你还是试着去接受了，因为环境不是为你一个人而存在的，每个人都要培养面对不同环境的适应能力。于是一个星期后你就能很轻松的和女孩们一起洗澡了。并且你发现和这么多女孩一起洗澡是件**很开心**的事，你们**说笑打闹，一起谈天说地**，一下子多了不少好朋友呢！

亲爱的女孩，慢慢的你会发现**很多事情不再单纯的是你喜不喜欢**，而会涉及到人际关系的交往等等。所以当我们的某种习惯受到挑战的时候，要尝试用大家都能接受的方式处理，这里B和C的做法就很好，既团结了同学，不至于让自己脱离集体，又解决了自身尴尬问题。*人本身就是社会动物，很多事要学会融入群体就能轻松应对了。*

更好的方法

7 迟到被抓怎么办

每天早上起床对你而言实在像一次挑战,你真想窝在被子里再美美的多待几分钟,所以即使你设置了好几个闹钟也都对你无济于事。迟到成了你的家常便饭。可是学校的教导主任总会站在校门口抓迟到的学生,而你已经成了他"黑名单"上的常客了,并且他警告你如果再迟到你将会受到处分。可是,有一天你迟到时又被教导主任发现了……

这时,你会怎么做呢?

A 寻找新的借口为自己辩解

你再次被教导主任抓住，又恼又气，你甚至还会在心里怨恨为什么教导主任总是那么烦，总是能抓住你。可是此时除了赶紧想出全新的借口让他放过自己，你没有别的出路。于是你只能绞尽脑汁寻找借口，当然不能再用之前用过的了。亲爱的女孩，不管你怎样生气，怎样恼火，请你明白一点，**犯错的人是没有权利恼火的**。最好的理由就是事实，所以遇到这种情况的时候，还是**先端正态度，积极认错吧**！

B 主动承认错误，以期得到原谅

虽然你经常迟到，可是你并不想给自己找太多借口逃避责罚，错了就是错了，于是你主动向教导主任承认错误，诚恳地请求他的原谅。你真是个坦率的女孩，很少能有女孩像你这样敢于直面自己的错误，不过你要明白，迟到最直接的受害人是你自己，当别人已经做好准备投入到一天的学习中时，你还在因为迟到接受老师的教导。所以努力早起吧，做个**有时间观念的人**，慢慢的你会喜欢上不迟到的感觉哦！

C 默默接受批评,并下定决心再也不迟到了

当教导老师再次抓住你的时候,你已经不想再做任何解释,你为自己迟到的行为感到羞愧,并暗下决心以后一定不再迟到。你明白你已经养成了迟到的习惯,甚至你已经不再惧怕迟到,你也已经意识到了迟到的危害,所以就让教导主任的训斥来的猛烈一些吧!就当做是给自己敲响的最后的警钟。

亲爱的女孩，当做错事的时候还是不要做任何辩解了，因为一切理由都是借口，大人们会很轻松的看穿你的小把戏的。**与其绞尽脑汁找借口，不如欣然诚恳地认错，请求原谅。**迟到真的不是一件光荣的事，这不仅证明了你是个没有时间观念的孩子，还会让人觉得你扰乱了课堂秩序，这样同学们也会对你有偏见的。所以如果你也是个喜欢迟到的孩子，不妨向C学习，默默下定决心改掉不良习惯吧！

Best
更好的方法

8 上中学前的那些恐慌

九月份,你就要开始全新的中学生活了。你很担心!你担心第一天你会找不到你的班级而迟到,你担心你会交不到新朋友,担心新老师是否喜欢你,担心你的成绩不够优秀。虽说面对新环境有点忐忑是难以避免的,可你实在很担心在新同学面前出丑,你希望自己表现得很完美。

这时,你会怎么做呢?

A 跟着人流走,即使真的犯错也不要太在乎

进入新环境的你虽然也会紧张,可是这丝毫不影响你的兴奋感,你把开学第一天当做探险,看到什么都觉得新鲜,走错路也不怕,因为你觉得这样反而能看到校园更多的风景。实在找不到就跟着人流走,即使真的出了错也没什么,一切才刚刚开始,错误越多你就能发现自己更多的问题,这样你就能**进步得更快!**

B 找朋友一起去学校,互相帮助

你习惯了什么事都有朋友陪着,有时觉得朋友不在身边都不知道自己该怎么走路,该做什么。于是你赶忙和朋友约定开学的时候要一起去学校报到。这样即使你找不到也不会着急害怕,因为有朋友在身边你就觉得踏实了。可是亲爱的,你要明白的是你升入中学,就是大孩子了,遇到事情要学会自己面对,不是什么事都会有朋友陪着你的,为何不把开学第一天当做**自己独立的开始**,给自己一个**全新的尝试**呢!

提前参观学校并做好计划

你处于过多的担心中,于是你决定付出行动**打消自己的顾虑**。你提前去新学校参观,并熟悉路线,熟悉每一座教学楼,并向学校老师请教新升学班级的安排情况。你还提前在*假期中安排了课程*,找来将要学习的课本自学,于是等到开学的时候你就能*顺利*的给老师留下好印象了。

悄悄话

亲爱的女孩，当我们将要进入一个全新的环境时都会有恐惧心理，担心自己出错，担心自己不够优秀，可是我要告诉你，**千里之行始于足下**，只要你勇敢地迈出第一步，相信你在以后就会越来越好。当然我们也很希望你能尽快的学会独立，**独立地面对生活、适应环境的变化，独立地处理一些事情**，所以多多的向C学习吧，换一种积极的心态，事情反而会变得很有趣，很轻松。

更好的方法

现在，女孩儿们，来看看你的答案！

选A的有____ 选B的有____ 选C的有____

 校园里的小刺

你是这样的女孩——你积极活泼且充满勇气，当你面临问题时，你能很快找出解决方案。可是事实证明，你的方案并不是那么成功，因为很多事你总是头脑一热就那么做了。你常常会忘记考虑周围人的感受，让自己像只乱扎人的小刺猬，所以不知不觉中失去了很多朋友。

你似乎不是那么喜欢团队合作，你总是试图一个人做完所有的事，或者你的某些小性格使你不屑于融入集体，所以缺乏团队意识的你一定要记得多多和朋友交流，他们会帮你把任务完成的更加完美。在和同学的交往过程中，还是暂时放下你的那些小性格吧，它只会让你失去更多的朋友。亲爱的你要记住，待人和善、处理好在班里的人际关系是十分重要的。

 "外交"小专家

你是这样的女孩——你的身边永远要有朋友的陪伴，友谊是你最在乎的事情，你差不多把所有空闲的时间都花在维持友谊上。你就像一个"外交"小专家一样，有很多朋友。当你遇到问题时，你会在第一时间想到朋友，你总是会请朋友帮你解决问题。亲爱的女孩，你完全有能力靠自己把问题解决好，可是你总是忽视自身优势。

对朋友的依赖会使你在很多问题上不能拿出自己的意见，不能独立解决。所以还是相信你自己能够独立完成，并完成的很好吧！

C 淡定从容的"小女王"

你是这样的女孩——你好像生活在与众不同的轻松节奏上，因为你总能从容淡定的面对所有事情。你从不担心学校里的流言蜚语，仿佛一切都与你无关。不仅如此，很多令别人焦头烂额的事情，在你这里都能得到完美的处理，你从来不让坏情绪钻空子，所以当别的同学为同一件事情苦恼的时候，你已经制定出了切实可行的计划。

可是，也许是你太过于"放松"，很多事情都不放在心上，所以导致你遇到事情的时候很少发表自己的意见和立场，当别人对你产生误会时你甚至不会放在心上，所以亲爱的女孩，一定要学会适当地表达自己的观点和建议，并不是任何时候"潇洒"都能给你带来轻松的结局。

如果你有2个或3个选项一样多，嗯，你真是一个出色的女孩，你能够很好的平衡学校生活中的各种问题，来为自己鼓掌吧！

关于学校中的更多的烦恼问题，记下来寄给我们，会收到意想不到的礼物哦！

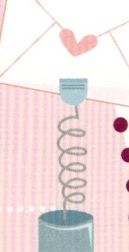

PART 4

压力篇·越拍越高的篮球

亲爱的女孩，在开始这一章节的探索之前，请思考一下，篮球怎样才能弹起来？它除了必须打足气之外，还需要什么？相信聪明的你肯定能马上给出答案，用力地把篮球砸到地上或者用手拍。没错的，可是你想过没有，不管我们用什么方式让篮球弹起来，其实最本质的就是给篮球压力。那么请再思考一下，那些篮球明星是怎样把篮球玩的得心应手的呢？其实原因很简单，就是给篮球适当的压力，想要弹得高，压力就大一些，想要弹得低，压力就小一些。

由此看来，压力还真是有意思的东西。俗话说"井无压力不出油，人无压力轻飘飘"，所以，压力又是一个在我们的成长中极为重要的东西。

在现实生活中，我们常常像一个被动的篮球，来自内部的压力和外部的压力同时作用于我们，让我们晕头转向。对于这个问题，我想你肯定深有感触。可是不要怕，下面的内容将会告诉你如何让自己变换身份，完美协调内部压力和外部压力，成为一名高级球手，也让自己这个篮球弹出优美的弧线。

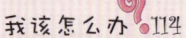

1 考试前的"焦虑症"

马上要考试了,你紧张得简直是坐立不安。虽然你每天上课都认真听讲,课后也认真地完成作业,为了考试也做了很多的复习工作,可是你仍然很畏惧考试。这种畏惧甚至影响到了你的身体,出现了注意力不集中、头疼、失眠的症状。你很害怕,如果到了考场上大脑一片空白怎么办。随着考试时间的临近,你的紧张症状也在加剧。你甚至开始考虑装病不去参加考试,会有什么后果?

这时,你会怎么做呢?

A 装病逃避考试

考试带来的强大压力已经让你身心俱疲，你不想看到自己糟糕的成绩，你怕自己这些天的努力学习毫无效果，于是你选择了装病不去参加考试。其实越是这样，你就越难从对考试的恐惧中挣脱出来。如果你养成了逃避的习惯，那么你以后再遇到问题就会自然的采取逃避态度了。逃避心态将会给你带来很恐怖的后果。其实考试不过是对自己一个阶段学习的考察，**放平心态，勇敢面对，相信努力就会有回报**。好的应试心态才能帮助你更好的发挥。

B 给自己减压，积极应试

虽然很多人给你讲道理，告诉你这只不过是一场考试，可是你仍旧不能消除自己的恐惧和不良反应。其实只要你重新调整期待水平，不再给自己过高的心理压力。你明白了一次考试成绩根本不能代表你的能力，如此的紧张毫无必要。于是你给自己成功减压，积极地面对这次考试，并决定一定要仔细找出这次考试的不足，为接下来的学习总结经验。你真是一个**聪明且坚强**的女孩，你懂得如何**调整自己**，如何让自己从情绪和压力的泥潭中挣脱出来，**战胜恐惧心理**反败为胜，这场心理战役你打的真漂亮！

给自己定新的标准

哈哈,又考试了,这次你会发现什么新问题呢?你非常喜欢用考试和平常小测验去发现你不会的问题,它就像你总能发现新大陆一样让你开心。不是吗?亲爱的女孩!在学生时期重要的是学习,如果没有发现新问题是不可能进步的!你是这样想的!没有什么比带着轻松的心情上阵更能充分发挥自己能力的了!新的考试已经是不同的内容,因此你们要以不同的心境对待,撕掉昨天的日历,开始准备新一轮的考试,已经迈出九十九步了,还怕最后一步吗?既然已经坐到考场上了,为什么不**把握机会好好的证明一下自己**呢?

悄悄话

青春期的女孩就是这样可爱，倔强好强又脆弱。什么道理都懂可是又无法摆脱自己的小情绪。在这里我想和大家说的是，每个人的成长和进步是要在发现问题中开始的，你知道吗？**一个人的成功是取决于他遇到困难的多少！**而最关键的一步是，**遇到的困难能否及时地解决掉！**仅此而已！在这里建议向B和C学习，正确看待问题积极应对。没有什么比**保持乐观向上的心态**更加重要了，对于学习要开心发现问题，及时解决问题！这样就不会在考试前由于过高的期望而给自己增加无谓的负担。一定要记住，只要每次都能发现问题，并一道道攻破，你就是最棒的。一次的成绩不代表你的能力！

更好的方法

2 学习成绩突然滑坡，让你不知所措

最近你的学习成绩遭遇了很严重的滑坡，即使你仍然很认真的听讲、记笔记、复习功课，可是成绩丝毫不见提高，你甚至怀疑是不是自己的脑袋出现了问题，或者是变笨了！你不知道情况为什么会突然那么糟糕，你沮丧极了。

这时，你会怎么做呢？

A 觉得自己太笨了

你难以想象自己的成绩会突然那么糟糕，屡次受到打击后，你一蹶不振，觉得自己一点希望都没有了。亲爱的，我不得不告诉你，这样是情商低下的表现，一个情商高的人会积极乐观，**有毅力有自信，并敢于坚持**。相信自己吧，既然你之前可以那么优秀，就说明你一点都不笨，荡入低谷才能让自己积蓄力量飞的更高啊！

B 学习方法出现了问题，及时寻求帮助

你是个很有自信的女孩，你相信自己会继续优秀，只是目前可能学习方法上出现了问题。只要把它攻克掉，一切都会好起来的。于是你找到老师、朋友或者父母，请他们帮忙分析你学习中遇到的瓶颈，找出成绩滑坡的根源，亲爱的女孩，你真聪明，你明白**对症下药**才能药到病除！

重新规划，制定新的目标

　　此时的你端正了态度，决定直面自己的落后，重新制定目标，自己和自己比。当然这需要很大的勇气，忘掉自己之前的优秀，直面自己的落后。你是个踏实勤奋的女孩，每次和自己比，每次考试都进步一点，相信不久后你就会战胜学习的低谷期，重新回归优秀的行列。不过亲爱的，这也许是个漫长的过程，一定要准备好**十足的耐心和勇气！**

悄悄话

在这里不妨让我们向B和C学习。不要忽视心灵激励的力量，它真的很神奇的。**当你心里认为自己很优秀的时候，你才会越来越优秀。**塞翁失马焉知非福，很多事情真的有很多的变化，不到最后一刻谁都不知道结果，所以亲爱的女孩，千万**不要随便否定自己**。记住，一时的落后只是在为下次的奋起直追在积蓄力量，让自己在每一次的试炼中成为一个高情商的女孩吧，高情商会让你越来越优秀。

更好的方法

3 新环境让你不再优秀

由于升学或者转校你来到一个全新的环境,也认识了很多新朋友。你觉得她们都优秀极了:有的同学口才特别棒;有的同学已经是发表了几篇文章的小作家了;有的同学已经是钢琴八级的高手了;有的同学能歌善舞,而你却一点特长都没有,更糟糕的是第一次考试,你的成绩滑到了中游,你再也不是之前的那个"天之骄女"了。在她们面前,你觉得自己像只丑小鸭,心里沉甸甸的,巨大的压力让你几乎喘不过气来。

这时,你会怎么做呢?

A 难以承受压力 一蹶不振

你觉得自己彻底被打败了，一想到该如何面对以前的同学，怎样面对父母的质问，怎样面对之前优秀的自己，想到这些你就懊悔极了。你不会钢琴，没有那么好的口才，此时的你处处觉得不如别人，自己简直糟糕透了，于是你难以承受压力，一蹶不振。成绩更是一落千丈。

B 多多向优秀的同学学习

你是个不服输的女孩，你看到自己目前的状况决定向优秀的同学虚心学习。通过你的仔细观察发现，他们那些令你羡慕的特长也许你一时做不到，但是你凭借自己原有的良好的基础一样可以做到。你**处处请教**，**留心学习**，变弱项为强项。当然这是你给自己的巨大挑战，一定要有**持之以恒**的精神啊！

重新定位，发掘自身闪光点

此时的你意识到，新的环境里高手云集，现在的成绩是很正常的表现，并不是你的成绩滑落了，而是俗话说的"山外有山，人外有人"。你为自己在这种环境中而感到欣喜，因为你可以从这些优秀的同学中发现自己的弱势，于是你不再羡慕他们那些特长，而是重新打量自己，**发掘自身优点，有目标有阶段地培养自己独特的优势。** 学习方面你踏实勤奋，取长补短，很快摸索到一套自己的学习方法，成功摆脱丑小鸭，重新树立骄傲和自信。

悄悄话

亲爱的女孩，不管你的选择是什么，我都不希望看到你像A那样随便的否定自己，放弃自己。遇到对手的时候最可怕的不是输掉，而是不知道自己为什么输，最悲哀的不是不知道自己为什么输，而是从此穿上失败者的外衣不肯再脱下来。所以无论什么时候，只要你**不向失败低头**，你就是成功的，因为你有勇气重新走回到通往成功的道路上。请你记住，**天外有天**，如果你总是拿自己去和很多人比的话，你当然不能以一敌百，**发现自身优点并保持下去**，自己和自己比，并努力成为自己心目中优秀的样子吧。

更好的方法

4 无尽的担忧，让你很焦虑

你总是担忧很多事情，明天会不会迟到、皮肤会不会变糟糕、莉莉今天肯定又生你的气了，于是你每天都忧心忡忡。父母安慰你说："别再担心了，一切都会好起来的。"好朋友告诉你："别为任何事操心，顺其自然就好。"但是你仍然处于无尽的担忧中，你甚至觉得没有人能帮助你。

这时，你会怎么做呢？

A 无法停止担忧甚至开始焦虑

越来越多的担心让你心情烦躁，什么事都做不下去，于是你陷入了无休止的焦虑之中。

亲爱的，女孩在青春期有心理和情绪上的波动是正常的，这样没有自控力的任其发展就不好了，与其为必将发生或正在发生的事情苦恼，不如积极乐观的寻求方法将问题一一解决掉！记住，**任何时候都不要做情绪的奴隶，你完全有能力控制自己的情绪甚至大脑。**

B 想办法让担忧"挥发掉"

你终于下定决心要摆脱担忧的纠缠了，于是你决定采取行动，让担忧"挥发掉"。你找来朋友聊天，把你的不良情绪和所有的担心统统发泄出来，也许朋友简单的几句话就让你茅塞顿开。或者你找来笔记本，把所有的担心都记录下来，几天后再看自己的记录，你终于明白了自己的担心有多么的可笑。又或者你在记录的过程中不断地**自我安慰、自我开解**，于是你很快找到了解除担心的突破口，开心起来。

与其担忧不如去做有意义的事情

你突然发现**无休止的担忧只能让你浪费时间**，你认为与其担心不如去做些有意义的事，于是你很快的转移注意力，从担忧中成功跳脱。亲爱的女孩你实在太聪明了，你不仅摆脱了担忧，还完成了很多事情，真是一举多得！

悄悄话

亲爱的女孩，B和C的做法都是值得你学习的。B的做法很直接，C的做法很聪明。B通过**和朋友交流**，不仅拉近了和朋友的距离，还减轻了担忧，当然如果这样做对你没有作用，那你就要开动脑筋寻找对你有效的方法了。而C是采用了**转移注意力的方法**，其实很多时候我们之所以陷入担忧，正是因为我们太过在意。是让自己陷入无休止的幻想和担忧的纠缠中，还是**把担忧的时间充分利用去做有意义的事**，我想每个女孩都会做出正确的选择的。

更好的方法

5 和同学比你总觉得自己像个丑小鸭

你的朋友们经常打扮得花枝招展的来上学,有些人的衣服还是名牌呢!可你的妈妈却认为衣服干净整洁就好了,她怎么也不肯拿钱去给你买你喜欢的衣服。你觉得自己实在太普通了,你多么希望像别的女孩一样穿上漂亮的衣服让自己出众一些。看着那些女孩儿骄傲地在校园里走来走去,你觉得自己像个丑小鸭!

这时,你会怎么做呢?

A 失去自信，每天闷闷不乐

喜欢的衣服妈妈不给买，校园里花枝招展的女孩让你觉得自己更抬不起头了，于是你丧失了自信不喜欢和同学接触了，每天都闷闷不乐的。情绪失落的你做什么都提不起精神，甚至上课、考试你都无法集中精力。可是亲爱的，你知道这样的行为会导致什么样的后果吗？你会脱离集体，疏远你的朋友，最严重的是你的学习受到了影响变得很糟糕。因为几件衣服让自己失去那么多，你觉得值得吗？抬起头来看看你身边的人，**很多女孩没有漂亮衣服一样很漂亮啊！**

B 一定要想办法买到漂亮衣服

你没有办法说服妈妈给你买你喜欢的衣服，于是你只能把零花钱存起来，这样就能自由地买你喜欢的衣服了。这真是一个聪明的孩子，通过自己的努力买到喜欢的东西真是一件让人激动的事啊！慢慢的你也会体会到赚钱的不容易，这样就更加的**体贴父母**啦！不过在此还要提醒可爱的女孩们，一定要通过自己的努力存钱买衣服，不可以为了买衣服到处欠债哦！

自信的我也很美

虽然你会因为外表的普通有些小情绪,可是你很快就调整过来,你明白只要内心美,积极进取照样会很漂亮,照样会有很多人喜欢你。难道没有好看的衣服自己就是丑小鸭吗?你才不会这么认为。你拥有原本就很令人羡慕的青春,你拥有**满满的自信**,你拥有一颗善良的心和高尚的品德,看!这么多珍贵的东西难道不比漂亮衣服更有意义和价值吗?

女孩爱美是天性。青春期的你开始注意自己的外表，希望自己漂亮，在乎别人看你的眼光，这都是很正常的，所以此时的你不必因为自己对外表的过度关注而苦恼。在这个问题上B和C就做得很好。B用自己的零花钱去满足自己对衣服的需要，不仅不会增加家里的经济负担，还能让自己养成存款的好习惯。C意识到外表美只是一时，只有心灵美，自信美，才能真正成为一个活得漂亮的人。其实丑和美的定义不是一件漂亮衣服就能决定的，你就是你，每个人都是一道独特的风景线，做喜欢的自己就好了。要知道，每个人都是地球上的六十一亿分之一，每个人都是独一无二的。

更好的方法

6 巨"痘"的压力让你抬不起头

几天前,你的鼻子上起了个巨大的痘痘,十分显眼。学校里遇到的每个人都会盯着你看,好像在看怪物一样。你为此每天都非常认真地洗脸,也尝试了好多种祛除痘痘的方法,可是都无济于事。你不知道什么时候才能摆脱这尴尬的局面。

这时,你会怎么做呢?

A 自信心大受打击

为什么痘痘会长在你的脸上,为什么偏偏长在鼻子上?此时的你苦恼极了,你简直不敢抬起头走路,你怕所有的人都盯着你的痘痘,并取笑它。亲爱的女孩,很多人在你这个时候都曾经为了痘痘而苦恼,甚至有的人和你的选择一样,自信心大受打击,不敢抬头走路。可是我要告诉你,后来那些人都后悔了,因为痘痘是每个人都要长的,为了一个小小的痘痘而让自己垂头丧气,荒废了青春的美好,不是很 得不偿失 吗?

B 为"除痘"四处"取经"

你真是个有毅力的孩子,你相信这世界上没有什么是不能解决的,你一定能找到方法消灭痘痘。于是你到处找朋友,找长辈寻求除痘的"真经"。亲爱的女孩,我要告诉你,除痘虽然重要,可是也不能牵扯了太多精力,毕竟这个时候学习才是最重要的。很多除痘用品都是一时起效,还是请妈妈出山,为你配备营养科学的除痘大餐吧!

没什么大不了，痘痘会自己消失的

　　你非常**乐观且镇定**，一个小小的痘痘并没有影响到你的情绪。你觉得这没什么大不了，痘痘会自己消失的。首先恭喜你能如此乐观镇定地面对痘痘的挑战，并且这样**积极乐观的心态**也是很多女孩要向你学习的哦！不过亲爱的，不要小看敌人，还是适当的给痘痘以还击吧，来确保痘痘退去之后你的皮肤依旧光滑，不必觉得麻烦，这是每个女孩的必经阶段啊！

悄悄话

青春痘是青春的象征，也是花季时代特有的标志。长几颗青春痘，有什么大不了？要知道，美国国务卿希拉里小时候也有青春痘呢！其实，只要你**调整好饮食，补充睡眠**，就能有效减轻痘痘症状。当然，最重要的一点，就是要保持C那样积极**乐观的**态度，不要太把痘痘当回事，影响了自己的心情就太不值了，只要做到**正确的护理**就好了，用不了多久，痘痘就会知趣的主动消失的。

Best 更好的方法

7 拖拖拉拉的毛病，怎样改

你是一个聪明的女孩儿，但每当面对家庭作业时你就提不起精神，拖拖拉拉不愿意做。所以你不得不在第二天早早的冲到学校补作业。长此以往你觉得自己太糟糕了，似乎学习生活乱的一塌糊涂，让你非常苦恼。

这时，你会怎么做呢？

A 我行我素，觉得无关紧要

你认为每天晚上按时完成作业对你来说简直是天大的挑战。你宁愿每天早起跑去学校补作业，也不愿意晚上趴在作业本上犯愁。于是你决定我行我素，享受自己的拖拖拉拉。可是亲爱的我要告诉你，如果你这样下去就会养成懒惰的习惯，做作业不积极主动，慢慢的你会在学习方面非常懈怠，让你对学习失去兴趣，你也会成为一个差等生，这是多么的可怕啊！

B 找一个学习搭档共同做功课

你明白之所以你总是拖拖拉拉，就是因为没有时间观念，并且每次写作业的时候都很消极，你总是想如果没有家庭作业那该多好啊。于是你对症下药，找来一个平时作业做得很好的同学和你组成学习小组，你们一起写作业，一起讨论习题，互相督促，不仅能很快地完成作业，学习成绩也有了很大的提高，真是让人高兴的事。

制定时间表，并严格执行

　　你深刻的意识到自己拖拖拉拉的严重后果，于是你给自己制定时间表，并严格按照时间表执行。可能开始的时候你发现，时间表对你并不能发挥太大作用，因为你做起事情来还是会慢吞吞的不能提高效率，可是亲爱的你要明白"滴水石穿"的道理，只要你严格要求自己，不放松不懈怠，慢慢的你就能看见自己有了很大的进步，加油哦！

悄悄话

青春期的女孩开朗活泼，但是缺乏自制力。所以很多时候你都不能很好的要求自己，即使制定了计划你也可以找各种理由拒绝完成任务。可是我要告诉你，**自制力**对你未来的发展将会有很大的影响，一个连自己都管不住的人还能做什么呢？家庭作业是每个学生都不能逃避的，既然全世界的孩子都要做作业，就说明它对你的学习有着很重要的作用，与其拖拖拉拉、消极的糊弄，不如**积极应战、速战速决**。像B和C就处理的很好，她们能**及时发现自己的问题**，并下定决心改掉自己的坏习惯，你准备好了吗？

更好的方法

现在，女孩儿们，来看看你的答案！

选A的有___　选B的有___　选C的有___

严重泄气的小篮球

你是这样的女孩——心思细腻，敏感脆弱，遇到问题和压力时就像一个严重泄气的小篮球。其实知道吗，你原本可以做一个底气十足的篮球，并弹跳的很好，可是当你遇到外界压力时，你却开始害怕弹起来的疼痛，于是恐慌让你自动泄气。你就是这样，宁愿每天消沉，也不敢鼓起勇气迎接外力的考验。当压力使你感到紧张时，你总是倾向于自己扛着，直至压力把你压垮。

亲爱的女孩，你最大的敌人就是你自己的不自信，可是你要明白，只有经历风雨才能看到雨后的天空有多么澄澈，只有让自己敢于直面压力的挑战才能知道你究竟有多优秀。所以不要泄气，鼓起勇气努力弹出属于你的高度和弧线吧！亲爱的，我还要告诉你，君子性非异也，善假于物也，所以当你难以承受巨大的压力时，不要自己勉强扛着，你完全可以向别人寻求指导或者帮助，多多的和别人沟通，你肯定能获得平衡任何压力的秘诀！

B 善于借助外力的聪明篮球

你是这样的女孩——当你处在压力下时，你会首先想到向朋友们求助，通过他们的力量帮助自己度过难关，如果做一个比喻，那么你就是一个善于借助外力的聪明篮球。你有很强的沟通能力，并且是一个很好的倾听者，因为能够帮助朋友保守秘密，所以当你需要时就会很轻松地找到朋友帮助你。这种感觉对你来讲很美妙，你也为自己拥有那么多的朋友而骄傲。

可是亲爱的女孩请记住：并不是任何事都要讲给朋友听的，不要任何事都要求助于人，即使你有很多能够帮助你的朋友，尝试自己去解决问题，你才能真正的成长，不是吗？

越拍越高的优秀球手

　　你是这样的女孩——积极，乐观，就像一个把篮球越拍越高的优秀球手。你是那种会为半杯水而欢呼的人。你的乐观也让你能轻松的面对各种各样的压力，并且能处理的很好。你很理智，也总能很快做出自己正确的判断，来决定你下一步的行动。可是当朋友遭遇烦恼需要帮助时，你只是把她从烦恼中引开，而不是帮助她把烦恼的根源解决掉。你不会把事情放在心上，总是一副"无所谓"的架势，这让你成了一个能开得起痘痘玩笑的人，即使这个痘痘长在你自己脸上！

　　可是亲爱的女孩，你的乐观和"无所谓"有时会让朋友觉得你根本不在乎她，因为有时他们需要的是实实在在的意见，而不是和你嘻嘻哈哈。所以还是尝试拿出自己的意见，实实在在的去解决一些问题吧！如果你能用自己的乐观和理智去帮助身边的朋友，相信你们会有更多的收获。

如果你有2个或3个选项一样多，哈，你是个很棒的执行者，你能合理协调自己的内在压力和外在压力，长大后一定非常成功哦！

PART 5

决定篇·向左还是向右

青春期就像潘多拉的盒子,美丽且麻烦。可爱的女孩儿们终于有了自己的大衣柜,终于可以跟妈妈出去挑选自己喜欢的衣服了。可是事情并不是我们想的那么简单,这个时候你会发现决定买哪件衣服,决定明天穿什么出门,每天大大小小需要你自己去决定的事真是让你头疼。你会慢慢发现,无论怎么决定,似乎都不够完美,可是,你必须给出最后的选择,说出你的决定。

亲爱的女孩,其实你根本不必为做决定而苦恼,也不必因为没有把握的决定而心神不宁,其实做决定,没有你想的那么困难,只要确切的知道自己需要什么、你应该怎样就可以了。

翻开下面的文章,你会找到答案……

1 好朋友让你左右为难 怎么办

你最好的朋友让你去做某些事情。当你告诉她，父母不允许你去做这样的事情时，她却说："他们不会知道的"，或是"我猜我对你没那么重要，所以你才不愿意去的"。你不想失去她这个朋友，可是你也无法下定决心去这样做。因为你认为父母告诫你的话是正确的，这时候的你真是左右为难。

这时，你会怎么做呢？

A 和她绝交

你是爸妈的乖乖女,你平时懂事听话,父母不让做的肯定是不好的,她一再的催促你去做父母不让做的事情,反而让你更害怕,于是你索性和她绝交。也许你会为失去这样一位好朋友而伤心苦恼,也许你觉得她没那么在乎你。可是慢慢的你会发现,如果一旦和朋友间发生问题就采用"绝交"的方式来处理,你的朋友会越来越少。所以亲爱的,遇到事情最好还是多动动脑筋去解决的好。

B 顺从她的想法

你很珍惜你们的友谊,你不忍心拒绝她的要求,可是你又会害怕父母知道后不开心,于是矛盾的你真是不知所措,当你听到她承诺父母不会知道时,你有了侥幸心理,于是为了友谊你和她一起去做了父母不让做的事情。

亲爱的女孩,你知道吗,当你放松对自己的要求,习惯跟她去做一些父母反对的事情的时候,你就可能在向不好的方向发展。父母反对自然是为了你好,所以遇到类似的事情不要乱,多多的思考学会动脑筋,学会正确的取舍才能保护自己。

告诉她你的真实想法

你觉得朋友之间就是要**坦诚相待**，于是你痛快地告诉她："看，如果你真的是我的朋友，为什么你要强迫我做不想做的事情呢？这很让我烦恼，我希望你能停止。"你认为如果她真的是你的好朋友，她一定会理解的。

悄悄话

你可以像C那么做,作为好朋友,你当然可以直截了当的说出内心的想法,如果连这点都做不到,也许你要反思你们之间的朋友关系了。真正的朋友是不会强迫你去做你不愿意做的事情的。可爱的女孩们,你要记住,不论什么时候都要学会自己独立的分析事情,学会判断事情的好坏,谨记父母的叮嘱。当然B的做法就很不妥当了,因为你向友谊的一时妥协,和她去做了对你有危害的事情这是相当危险的。记住要及时和父母沟通,父母会给你宝贵的意见。

更好的方法

2 朋友向你借钱，是借还是不借

你的一个朋友向你借钱好久都不还，当你试着向她索要时，她只是大笑，说些别的无关紧要的话，始终不提还钱的事。这种情况已经持续有一段时间了，当你再次向她索要时，她反而不再理你。

这时，你会怎么做呢？

A 自认倒霉，钱不要了

当你被她搞得极度无奈时，你开始想的不是还要不要那笔钱，而是还要不要这个朋友。你对她的行为表示气愤，可是碍于面子又无计可施，于是你只能自认倒霉。你知道朋友比金钱重要，可是这个朋友却因为金钱使你对她产生了厌恶。你的心情受到很大的影响，你每天闷闷不乐，对友谊失去了信心。

B 告诉她的家长，请他们帮忙

此时的你对她的行为十分无耐，你没有了钱没办法向父母交待。没有办法的情况下，找不到她只能去找她的父母了。其实找她的父母说明你们目前的情况也未尝不是好主意，如果她真的有什么问题，她的父母还能对她进行及时的批评教育。但是千万不能有**随意借钱给别人的坏习惯**。

C 问清她不能还钱的原因，考虑向父母说明原因

你三番五次找她还钱她都搪塞你，让你觉得十分尴尬，后来她竟然还躲起来了，于是你决定和她坐下来好好谈一下，如果她真的没有钱还你，觉得很没有面子才躲着你。你这样逼她还钱不仅会伤害她的自尊心，还会给你自己带来很多麻烦。而且你要记得，即使是她有错，可是你开始借钱给她也是有错在先的，因为她有需要用钱的地方，应是向父母来说明的，而你是没有能力来帮助她的。所以如果你不想让她还钱了，还想解决父母的问责，那就俩人和你父母一起说明事情的原委！

亲爱的女孩，随着年龄的增长你会发现，金钱给你带来很多快乐的同时也会给你带来很多苦恼。在这个年龄，原则上是不能和别人借钱，也**不能借钱给同学**。因为你这个年龄还**没有独立的金钱支配权**，每个朋友**用钱的时候都是和父母来沟通的**，你借钱给朋友，反而会让她不能抑制自我花钱的欲望。从而造成上面的情况发生。所以为了拥有更好的友谊，还是不要向同学和朋友借钱，也不要把钱借给朋友，当然如果是紧急情况那就另当别论了。

更好的方法

3 是诚实地说出来还是撒谎逃避

你总是忍不住说谎。你总是在编造各种各样的故事,因为这样可以引起朋友对你的注意,也可以帮助你摆脱父母的询问。如果有人试图找出真相,你会继续撒谎来保证没人能看穿你的谎言。你曾经试过不再撒谎,可是你看起来很难戒掉这个坏习惯。

这时,你会怎么做呢?

A 将说谎进行到底

虽然你知道撒谎不是件光荣的事,可是撒谎给你带来的刺激和便利让你欲罢不能。有句话是这样说的,一个谎言需要一百个谎言来掩盖,这样的你是多么的累呀!你的生活将被谎言覆盖,这是多可怕的事情啊!而此时的你虽然有戒掉撒谎的想法,可是你并没有那么强的**自制力**,于是你放任自流,将说谎进行到底。真的没办法!你要做的是立刻停止!

B 戒掉撒谎很简单

在每次撒谎之前你都提醒自己不能再这样欺骗下去,面对朋友和父母,面对那些你不愿意被人看穿的小秘密,你不说就好了!何必说了之后让自己像贼一样的生活!不做错事就 OK 了!做了,就承认吧!撒谎无非是错上加错的事!那反倒更严重了!其实我发现我放弃撒谎的想法时,让我**做事仔细努力了**!

C 严格要求，对撒谎的自己说拜拜

你真的下定决心再也不撒谎了，你鼓起勇气对撒谎的自己发出挑战，你制定计划、寻找解决策略，你甚至把自己每次说的谎话写进日记里，以提醒自己说谎是多么自我伤害的事。慢慢的你会发现你可以和**朋友、父母沟通的更好**，你找到了谎言之外的更好的交流方式。

悄悄话

亲爱的女孩，进入青春期你就有了自我意识，慢慢的就会有很多小秘密，你开始希望有自己的私人空间，有自己的小心事。可是你要记住，即使是为了保护自己的小隐私，也不要采取说谎的方式，因为说谎不仅会疏远你和朋友及父母之间的距离，还会让你内疚难过。当面对朋友和父母的询问，你不愿意说出自己的真实想法时，你完全可以直接告诉他们你不想说的理由。当然你也要及时地和朋友、父母沟通，让他们随时的了解你，帮助你。亲爱的，你一定记住，除了说谎我们还有更好的办法去解决这些事情。

更好的方法

4 看到不公平的事 是上前还是旁观

你的班级里有一个胖女孩，很多男孩儿总是趁老师不在的时候欺负她，给她起外号。你是个富有正义感的好姑娘，你告诉他们，如果是他们自己受到别人的捉弄，他们不会喜欢那种感觉的，那么胖女孩儿一样不喜欢。但是男生们只是说"谁在乎？"或者是"闭嘴"。

这时，你会怎么做呢？

A 正义感遭受打击，束手无策

富有正义感的你在男孩面前受尽了打击，他们的不在乎让你很有挫败感，你觉得自己很丢人，最糟糕的是没能帮助胖女孩。可是亲爱的，千万不要因此沮丧，失去信心。此时的你虽然很好强，可是内心和情感还是很脆弱的，对于男孩子的不在乎和不理睬，你完全不必放在心上，只要坚持做自己认为对的事情就已经很棒了。

B 鼓励她，只有她自己能够真正帮助自己

你很懂得变通，找男孩理论没起到作用，于是你迅速的想出其他的解决办法。你鼓励胖女孩打起精神，勇敢地对给她起外号的男孩说"NO"。亲爱的女孩，你要知道尊严不是别人给的，而是自己争取和捍卫的。你与其自讨没趣的去和男孩们理论，不如帮助胖女孩站起来，维护自己的尊严。

请教老师

此时的你面对男孩们不尊重你的行为十分气愤,如果你自己的力量感到力不从心,那就和老师去**商量一下吧,**请教老师帮你分析这件事情,来商量这件事情到底怎样做才合适,是个很好的方法。

因为告诉老师来狠狠地惩罚他们,让他们不要那么嚣张固然当场奏效,男孩们也会因此收敛一些,可是这并不能从根本上帮助胖女孩,男孩们还可能会把你当作下一个攻击对象。

悄悄话

你富有正义感真是件让人高兴的事，你那么善良、见不得别人受欺负。可是**帮助别人之前一定要考虑一下自身能力**，找到最好的帮助方法，避免帮倒忙或者给自己带来伤害。中国有句古语是"**授人以鱼不如授人以渔**"，意思就是我们要从根本上去帮助别人。所以在这里不妨学习一下B的做法，不断地鼓励胖女孩，让她发现自己的长处，积极看待自身问题，以防她会产生自卑等不良情绪。

更好的方法

5 每当考试前都紧张，逃避还是面对

每到发成绩的日子，你都感到很担心，因为你的成绩实在有点糟糕，那不是你觉得满意的成绩，而你的父母更加会觉得不满。你总是会联想到机器猫中的康夫，你很担心，拿出成绩单后，你连这个周末都过不好。甚至，你的妈妈也许会一直唠叨你直到下个月，她会一直反复的提起你糟糕的成绩；而你的爸爸虽然不会批评你，可他会叹息一声出门去，他的失望的表情和神情会一直反复出现在你的脑海，就好像在狠狠地斥责你一样，这种感觉让你的心情始终感觉沉甸甸的。可是，老师又要求你的父母在成绩单上签字，这下你可真是觉得为难了。

这时，你会怎么做呢？

A 模仿笔迹，找人代签

你想到如果父母知道这次成绩的话肯定又是无休止的唠叨，甚至爸爸还会对你动用家庭暴力，于是你"计从心生"，找别人模仿笔迹，代替父母签名。你甚至还会为自己的小聪明而沾沾自喜。可是亲爱的女孩，你这样做恰恰失去了一次进步的机会。

其实父母在乎的不是你的学习成绩有多好，而是你的学习态度。他们希望自己的女儿是个心地善良，踏实认真的孩子，如果你能认真的向父母说清楚这次考试的情况，并请求他们谅解，他们一定会给你机会，鼓励你帮助你 的。青春期的你还没有很好的自制能力和独立学习能力，所以把父母当成你学习上的小帮手，将会让你有很大的收获。

B 跟父母直说

亲爱的女孩，你在拿到成绩单的时候就已经做好了直面父母的心理准备。你认为成绩已经出来了，就变成了没有办法改变的事实，不跟父母直说又能怎样呢？相信父母小时候也考过那么令人不满意的成绩，所以他们会理解你的。何况你还需要他们的签字，而你既不能去篡改成绩，也不能让这份成绩单消失不见，于是，你决定和父母实话实说，乖乖地掏出你的这份糟糕的成绩单，老实地请他们签字。

向父母保证下次会令他们满意

　　这份成绩你自己也不满意,感到十分羞愧,你认为这不应该是你的成绩。可既然结果已经这样了,你也没有必要多解释什么了。你会向父母保证,这样糟糕的成绩对你是很好的督促,让你及时发现了上一段学习中的盲点和不足,这样,你就可以更加有针对性的学习了。相对而言,这也是一件好事。要知道,在平时的测验中发现的问题越多,等到最后的考试的时候,遇到的问题可能越少。如果从另一个角度来看待,这件事也不是那么糟糕。**你通过这次考试学到的东西才更重要。**

悄悄话

亲爱的女孩们，像C那样去做吧，做个聪明并且懂得学习的女孩。**失败是成功之母**，从糟糕的成绩中找出学习的盲点和不足，这样你就能有**针对性的学习**，相信通过每次的总结，你也将成为一个懂得学习、能够自我监督、自我调整的好学生。千万不要像A那样去做，这是最傻的行为了。因为父母是你的亲人，他们也许会因为不太好的成绩责怪你，但是他们绝对不会伤害你——相信我，绝对不会！千万不要为了坏成绩撒谎，这只会把事情越描越黑。另外，保证好好努力，做出实际行动给他们看，才是最主要的。

Best 更好的方法

6 爸爸妈妈吵架你很伤心，是假装没发生还是大胆说出来

原本让你引以为傲的幸福家庭，现在却陷入无尽的争吵中，无助的你不知道该怎么面对。你更不知道该怎么和父母沟通，让他们在乎一下你的感受，这让你很难过，生怕他们会离婚。你伤心极了，每个夜晚你都会为父母的争吵和矛盾失眠伤心，偷偷掉眼泪。不知该怎么办！

这时，你会怎么做呢？

A 讨厌每天争吵的父母，疏远他们

你已经厌倦了父母无休止的争吵，他们这样的行为不仅破坏了你心目中的幸福家庭，也让你感觉到前所未有的孤单，于是你开始封闭自己，疏远父母。这样你非常伤心非常痛苦。

B 给爸爸妈妈写封信，告诉他们你的想法

你不想总是担心，你清楚他们是很爱你的，决定做点什么！于是你给他们写了一封信：**讲出了你的伤心与难过，说出了你的担忧**，你认为他们只是一时冲动。他们需要清楚你是怎样想的，这样他们的决定才会更理性！在这个世界上他们对你最重要！你需要他们胜过一切！你爱你们的家，爱他们两个人！希望他们能多自我反省，并改正一下自己的缺点，停止争吵，给你多一些关爱！

分别和爸爸妈妈聊聊，让他们感到你的存在

聪明的你和爸爸约了个时间，把你的想法告诉了他，看得出他很伤心。是的，哪个爸爸不爱自己的女儿呢！你希望爸爸能给你开心的生活！不要为一些小事和妈妈计较。你和妈妈非常爱他！结果爸爸答应了你！他说他会试着努力。让你相信他，他向你表达了歉意！

之后，你又和妈妈沟通，希望她不要再和爸爸吵架，并希望她能相信爸爸！事实上，结果真得非常好！他们的争执越来越少了！你总算安心了！这一次你成功的充当了家庭中的"和平使者"，你们又重新开始了幸福快乐的家庭生活。

悄悄话

亲爱的女孩，父母是三角形的两个底角，你是三角形的顶角，只有这个形状，才能让家庭结构稳定。亲爱的，你要记住父母永远是爱你的，也许他们陷入了矛盾不能自拔，这个时候他们真的很需要你，所以不要畏惧不要逃避，带着你对父母的爱走过去，告诉他们停止争吵！沟通才是解决问题的办法。

女孩们，你们要理解**每一对父母都会有争吵**，就像手里拿着两只筷子就要打架一样正常。所以当你看到爸爸妈妈吵架的时候不要害怕，不要慌张。因为你完全可以成为"**和平使者**"去帮助他们解决问题。世界上有一条定律你一生都不用怀疑：那就是父母是永远爱你的。学会**运用爱的方式，试着和父母沟通**，让他们知道你多么需要他们，你和他们在一起是多么的快乐，让我们**家人之间学会宽容与谦让**。

更好的方法

现在，女孩儿们，来看看你的答案！

选A的有___　选B的有___　选C的有___

 缺乏独立思考的女孩

你是这样的女孩儿——你心地善良，但是情感和自尊心都很脆弱，对自身原则问题缺乏理性思考，很容易受别人思想的左右。一旦遇到事情就常常会丧失信心，自暴自弃，所以当面临做决定的时候，你就会经常采取消极态度。

亲爱的女孩请你记住，向阳光多的地方走，也就是要保持积极乐观的生活态度。遇到问题要多动脑筋、深思熟虑之后再做决定。而且一定要做一个有原则的人，所谓原则就是你认为应该做的和不该做的，时时谨记自己的原则，这样在很多难以抉择的问题面前你就知道该如何取舍，如何面对了。

 心思细腻的谦让女孩

你是这样的女孩儿——你心思细腻，总会为别人着想，当遇到问题时喜欢迁就别人委屈自己，你认为这样才能让一切好起来。你有时缺乏自信过度谦让，你不太擅长和别人沟通，很多事不能换位思考。所以亲爱的女孩，遇到问题千万不要自己闷着，而要讲出来听听别人的意见，尝试去和旁人沟通，通常这是非常有效的方法。只有了解他们的想法，这样你才能准确的做出你自己的决定。

理性思考会做决定的女孩

恭喜你,你真的很棒!你是一个能够独立且理性思考的女孩。你总是那么乐观自信,遇到问题你会积极应对,因为你相信你自己会处理的很好。你知道换位思考,遇到麻烦时能快速做出反应,知道对方的问题和需求后"对症下药"。你遇事冷静,能够保持清醒的头脑,根据自己的处事原则做出判断,再加上你高超的沟通技巧,你总是把事情处理的两全其美。

可是亲爱的,自信理性的你也不要忘记遇到事情要全面思考,多多听取别人的意见,不要一意孤行哦!

如果你有2个或3个选项一样多,你就是一个既勇敢,又有创造力,又善于保护自己的女孩,来为你自己鼓掌吧!

关于一些更难决定的烦恼问题，记下来寄给我们，会收到意想不到的礼物哦！

PART 6

思考篇·寻找美丽的自己

看完上面的五个部分，不知道此刻的你是否找到了属于你的"青春宝典"呢？**独立、耐心、冷静、宽容、时间观念**，做人的基本原则等等，试着让自己回忆，去捡拾更多解决问题的法宝放进你的"宝典"中吧！不管怎样，相信现在的你已经有了很大的收获，**再次面对学校、家庭、友谊等一系列问题的时候，你有没有轻松很多呢？** 当然书里列举的只是常见的大部分问题，最重要的是：亲爱的，你能够在读完这本书之后对你自己有更加深入的了解，学会举一反三——你一定会做的很棒，不是吗？

当然收获了"法宝"我们还要经常练习使用技巧，只要把它们熟练应用，相信你会成为"小超女"，什么事都难不倒你了。记住，**你的人生是充满了各种各样的选择**，就像是我们游戏里的通关关卡，**不要怕**，只要合理应用法宝你就会很快通关的。

在最后，我们还要赠送可爱的女孩们一些锦囊，有了锦囊就能使你们的通关如虎添翼了。喏，就是下面这五条真理，一定要牢牢记住啊！

真理一 问题不会自己消失

遇到棘手的问题时，你也许会把问题隐藏起来，好像它们根本不存在，也没有发生过一样。可事实上，**逃避只能让问题更难处理**，就像是长在田地里的野草一样，如果你不去管理，那么结果就是庄稼被野草荒废掉。

所以遇到问题时你一定要直面挑战。**如果自己不能解决，你完全可以向别人求助**，记住适当的求助会让你事半功倍。

真理二 用最恰当的办法去解决问题

　　解决问题就像试穿衣服——一个尺码不可能适合所有的人。也就是说同一个解决方案对于别人来讲可能是很好的建议，但对你来说可能就毫无意义，甚至还会起到负面作用。这有点像中国的老话：甲之熊掌，乙之砒霜。

　　所以你在**敞开胸怀去接受**种种不同的态度和建议时，必须**明确自己需要的是什么**，这样才不至于在众多的观点中迷失了自己。只有适合你的才是最好的。

真理三 拒绝伤害别人的念头

任何时候都不要有伤害别人的念头,即使她伤害了你。任何时候都请宽容和善待你身边的每个人,即使这个人十恶不赦。"以德报怨"总好过"有仇必报",因为请你相信一切都是有反作用力的,你伤害别人越深,*你自己得到的伤害也越大*,这就和我们打了别人一巴掌手会疼是一个道理。

真理四 倾听你内在的声音

　　不要吝惜倾听自己内心的时间。要经常抽出时间独处，认真地反思，并留神倾听你内心真实的声音，听从你内心真正的想法。这能帮助你做出正确的决定。记住，不要总是匆匆忙忙上路，而要选择好方向再出发，事半功倍还是事倍功半，取决于你是否走在正确的道路上。

　　对自己诚实，做自己喜欢的，就是成功的捷径。

真理五 讲出来，告诉别人你的想法

你对事情会有自己独特的看法，但只有你**讲出来，别人才能明白你到底在想什么**。不然，你没有资格委屈、抱怨无人了解你、在乎你。亲爱的女孩，要相信自己是独一无二的，然后大声讲出你的想法。表达比沉默会让你更有爆发力。

女孩儿，你真的能做到！
（遇见最美丽的自己）

亲爱的女孩，请记得如果你不能完美，那么也不要苛求身边的人完美到符合你的心意。因为这样能帮助你避免很多不必要的麻烦——来自你内心的麻烦。我要告诉你的是，你会在未来犯错误，甚至犯很多的错误，但是不要怕。在漫长的人生中，有时你会感到你的生活天翻地覆；有时你会灰心绝望；有时你会难过、内疚、自责到无法释怀。然而不管你遇到什么样的挫折打击，都不要随便放弃自己，都要向着阳光多的地方走。你要明白这种情况会发生在每个人身上，这只是生活的一部分。当你需要挖掘你的巨大潜力，或者想要寻找支持和帮助时，你可以翻开这本书。然后握紧它，相信它会给你无穷的能量，因为这本书将会带你遇见最美丽的自己。

亲爱的女孩，无论遇到什么问题，一定要听从自己内心的呼唤，相信你的直觉，并勇敢地讲出你的想法。慢慢的你会长大，会熟练的应对这一切，并更加的自信和充满力量。那个时候你会更加强大，你会对不断涌现的新问题无所畏惧。

女孩们，勇敢上路吧！

友柏成长系列读本： 是按照中国女孩们成长问题的来信开发的，她是你生活的导师，会让你重新认识自己，解决你成长中的身体和心理问题，不会占用你太多的时间哦！温馨美丽的图解，开心明朗的语言，科学专业的知识，让你在短时间内快速解决掉你的烦恼！

书中这些细致的小问题，在成人看来也许是很微不足道的。然而在现实生活中，孩子们面对这些突如其来的状况，并不能坦然理性的面对，以至于造成学习成绩莫名的下降，性格怪僻，乱发脾气，无法与家长沟通等严重的心理问题！再一次忠告天下的父母，请关注女儿9岁以后的成长，关注女儿青春期的教育！孩子以后能否快乐成长为一个健康女孩，这个时期至关紧要！

写给每一个刚刚或已进入青春期的女孩，在人生的这个时期，你充满了各种各样的惶惑，以至让自己心绪烦乱，与家人失和，对自己的身体变化感到担忧，我们希望你能从这本书里查到你成长中烦恼问题的答案，我们也会为你其他的问题做出及时专业的回答。

为了更加完善我们的问题库，如果有什么问题就给我们来信吧！不管是妈妈，还是女孩儿，我们都会给您满意的解答！也希望您对我们的图书提出宝贵的意见和建议，到时您会收到意想不到的开心礼物啊！所以地址和联系方式要记清楚噢！

我们的信箱（E-mail）：bjybcz@163.com

收信地址：北京市亦庄经济技术开发区听涛雅苑8-2-301室

友柏成长中心策划部（收）

记录我的心事

记录我的心事

记录我的心事